グローバル都市経営学会 ハンドブックⅠ

監　修　田村　進一

編　著　近　勝彦　阪西 洋一　梅原 清宏　辰巳 泰我

編　纂　一般社団法人グローバル都市経営学会

Global Urban Business Society

ふくろう出版

進化・共存の歴史から見た、遊び、LGBT、コロナパンデミック

田村　進一

（大阪大学名誉教授）

　グローバル都市経営学会は新型コロナが世界中に蔓延し出したそのさ中、創設され、十分なリアルの会合など開けない制約もあったが、ネットを有効に利用し、その活動を広げてこられたのは喜ばしいことである。関係者一同の行動力とご努力に敬意を表するところである。本ハンドブックは、2021 年 12 月のグローバル都市経営学会の全国発表大会を中心に、大会での議論や展開も取り入れてまとめたものである。

　私は基調講演の機会をいただいたので、断続的に研究してきた人類の進化関連の話をさせていただいた。一見、仕事の対極に見える遊びが人類進化の片鱗を表しており、遊びが進化の歴史を物語っていることが人工生命社会のシミュレーションで分かった。すなわち、遊びの豊かな社会は安定し、それが貧弱な社会は絶滅の機会が増える、遊びは種の存続に必要である、ということであった。結果として、子供はままごとを通して社会との付き合い方、暮らし方を学ぶ。またスポーツ競技を通して、競争力の涵養と、暴力行為をさけつつ、他者との共存の仕方を学ぶ。環境の変化に備えて、新しいものや様々な遊び事に好奇心をもって、能力・才能を磨くことは人類の進化と繁栄に必要なことであろう。これが最近の日本社会の副業解禁や、ジョブ型雇用への動きと軌を一にしていると考えている。

　趣味・遊びのもっとも一般的なジャンルは音楽であろう。現在私は神経回路の見地から音楽の効用の解明を行っている。歩行困難となったアルツハイマー病患者の治療法としてメトロノーム音を聞かせると歩行できるようになるということを手掛かりに、音楽は一般運動機能の維持、ひいては生存に必要なものであるとの見解を得つつある。音楽を聴けば心が安らぐというのも理由があると考えられる。神経系研究の立場からは、適応的な神経網内通信のための送受間同期のための音楽のクロック的性質も確実な通信に貢献すると推定しており、今後の研究課題である。

　次に研究対象にしたのが LGBT であり、解析の結果、常態として一定割合存在することが分かった。講演の際の議論をもとに考察・研究を進めた。その結果、ドイツの生物学者 E. ヘッケルが唱えた"個体発生は系統発生を繰り返す"（尾てい骨は尻尾の名残、ヒトも耳を動かす名残筋肉をもつ、等がその例）と類似の原則で、単為生殖-有性生殖と進化する中で、ある種の魚のように環境によって性を転換する（一種合理的な適応）トランスジェンダーが潜在的に残っており、進化の歴史を物語っている、といえる。別の見方をすれば、将来の新たな進化に備えてトランスジェンダー的機能を残している、ともいえる。一方、

田村　進一

ヒトを含めた哺乳類の雌雄を決めるといわれている Y 遺伝子がどんどん短くなっており、1400 万年後にはオスがいなくなるという説や短小化はすでに止まっている（現在は X 遺伝子数 2000 に対して、Y 遺伝子数 50 まで減少している）説もある。男女は確定的でなく、常に進化の可能性に備えているということもできよう。オス遺伝子がなくなることは気がかりではあっても、それ以外の要因での人類存続の危機の方が大きいかもしれない。

　これらの人類の特性解析研究のメリットは、社会現象に対する対処指針が得られることである。たとえば、遊びは本来持っている好奇心・他視点からの社会変革の原動力となる。LGBT 研究は広い視点から、異端視を排除し、その立場を尊重し、婚姻制度を変えるなど理解・（LGBT、非 LGBT 者）両得共存策の指針を与えてくれる。

　上記は進化の主体がヒトであったが、ウイルスとヒトの相互作用の場合、ウイルスの進化がはるかに速いので、ウイルスの進化について述べる。2021 年全国発表大会の時期は丁度、世界的に感染力の強いオミクロン株が出始めたころであった。そこで、進化研究の立場から急遽、新型コロナのオミクロン株への世代交代と季節性インフルエンザへの移行を予測し、講演に組み入れた。感染力の強いオミクロン株は先に感染し、ある程度の免疫が作られるため、あとからデルタ株が感染しても"ある程度の免疫"があるため、増殖が阻まれる。二刀流は一般には困難であり、感染力が増加したオミクロン株は一般論として、過去のパンデミックと同じく病原性は低下する。オミクロン株が蔓延したのちの感染者数低下（ピークアウト）のモデルまではその時は説明できなかった。大会終了後、未感染者の数も減ることから、ワクチンがなくても、また全員が感染することなく、新規感染者が減って、ピークアウトし、お馴染みの鐘形およびピークアウト後遅延のカーブを示すことが計算できた。たとえば、毎日新規感染者数が前日の 1.1 倍になったとすると、当初は指数関数的に新規感染者が増加する。しかし累積感染者数の増加に伴って、未感染者数は徐々に減少し、(1/1.1)倍になったところで新規感染者数の増加は止まり、以後減少していく。直近の惑いは、ステルス型オミクロン株の登場であるが、オミクロン株すでに"インフルエンザ化"に近づいていることから、人類との共存に向かっているといえるであろう。これにより、人類が病気と闘いながら進化して免疫系を獲得してきたことを知ることができる。ただし、ぎりぎりのところで判断を行っているので、新型コロナの肺炎のように、逆に自分の体を攻撃してしまうこともある。これらの研究は、経済発展とロックダウンなど病気流行防止策とのバランスのとり方を示唆してくれる。新規感染者数は、一過性流行となる商品の売れ行きの一つのモデルにもなりうるものであろう。

【1】　田村進一、他、"神経回路網に対する音楽の効用"、第 44 回 Fm θ 研究会、浅香山病院、2022.3.19 http://www.nbl-technovator.jp/NBL_Tech/paper/Fm2022Music.pdf

【2】　田村進一、基調講演、"人類の進化と社会の進化：遊びと LGBT のシミュレーションから"。グローバル都市経営学会 全国発表大会、2021.12.3-4　講演パワポ（追記版）http://www.nbl-technovator.jp/NBL_Tech/paper/GUBS2021/LGBT2021ppt.pdf

【3】　Y 染色体がどんどん減少　やがて「男」は　消える運命？
　　　https://business.nikkei.com/atcl/seminar/19/00118/00139/

【4】　人体には「進化の過程で役割を失って退化した器官」の名残がいくつも存在する
　　　https://gigazine.net/news/20181012-proof-of-evolution/

目　次

終　章

序　章

総合知としての AI の意義

近　　勝彦

1．はじめに

AI によって、我々の未来世界はどう変わっていくのか、失業者があふれるのか、はたまた、人は働かなくても食べていけるようになるのかなどの議論が喧しい。

ここでは、このような問いに直接的に答えるのではなく、かなり大きな視座から、過去の理論を回顧（retrospective）しながら、少し先の「AI 社会経済」の全体像を展望（prospective）してみたい。

新しい技術、とくに、ICT や AI 関連の技術が間断なく発展していることは、日常生活のなかでも感じられる。では、そのテクノロジーは、この 10 年間で劇的に変わるのだろうか。

未来は誰も完全には予想しえないが、情報通信基盤技術の動態をみれば、ある程度は理解できるであろう（注 1）。

その技術動態は、主に 3 つの要因がある。第一は、コンピュータの情報処理能力の向上に依存することである（注 2）。第二に、情報通信速度にかかわっている。とくに、モバイルの通信速度は 5 G 化が実現している（注 3）。第三は、情報の流通量および蓄積量の急増である。動画コンテンツをみても、この数年で、大きく増加しているのである（注 4）。

しかも、これらの技術やその応用は、この半世紀以上の集積の束でもある。さらには、一見、無関係に見える技術や知識が、その背後やその基層をなしているのである。

そこで、本章では、一般的で普遍的な知のあり方と AI との関係を論述していきたいと考える。

2．AI に対する基本的理解

AI は、およそ 80 年前に計算機科学の一部門として考案された。ただし、すべての理論や概念の始まりには前史があるので、いつからということを特定できないことも多い（注 5 ）。

AI は大きくいうと、3 世代があるというのが通説である（注 6 ）。

この 2 世代までは、社会経済における有用性があまりなかったために、研究開発は停滞したが、今世紀の初め頃に、第三次ＡＩの新しいアルゴリズムが考案され、実用性が明ら

かとなり、実務界に導入が一気に広がったのである。

　他方、インターネット技術も、上記と同じ時期に発展を遂げたといえる。

　このインターネット（通信プロトコルや Web 技術の総称）は、すべての企業および個々人が利用しており、「ネットワーク外部性」（Externality of Network）という経済効果が生まれていると考えられる。このネットと AI が、さらにシームレスにつながり（コネクティッドして）、経済価値の自動生成化が起きつつあるといえるのである。

　ここで、確認のために、AI の定義をいくつか挙げてみたい（注 7）。

　AI とは「知的なコンピュータシステム」である（注 8）や、「自然の知能（人間）に基づき、人工的な知能（知能コンピュータ）を実現させるための研究」（注 9）であるといえる。

　総じていうと、「知的振る舞いをするコンピュータシステム」といえよう。定義は、学問においては、きわめて重要な知的作業またはその結果であるが、これも技術変化に伴って、改訂・再定義はありうる（注 10）。

　ここではさらに、認知心理学および認知科学からＡＩにつながる思考経路を考えてみたい。

　日本認知学会によると、「認知科学」とは、「情報処理という視点から、生体（特に人）の知の働きや性質を理解する学問」であるといい、人工知能と「いわば双子の学問として成立した」と書かれている（注 11）。

　また、認知科学とは、「人間の知覚、認識、思考などの知的機能のしくみを、心理学、計算機科学などの様々な分野の視点から研究する科学である」という定義がある（注 12）。

　また、「人間やその他の生物の認知機構を対象とする科学」であり、「神経科学、人工知能、哲学、心理学、言語学などの多方面にかかわる総合的・学際的科学」というものもある（注 13）。さらには、「記憶や思考などの人間の知的な活動を解明あるいはコンピュータ上にモデル化することを目指した学際的な研究分野」というものもある（注 14）。

　これらを総合すると、まずは、認知科学と AI とが学問的に極めて近い関係にあり、人間の知覚や認識や思考などの知的振る舞いを理解し、シミュレートしようという考えであることが分かる。

　今回の定義からみたように、AI が人間の知的活動のメカニズムの解明とそのソフトウエア化である（実体化である）と考えると、経済領域においては、人間のあらゆる労働に必要な知的能力の代替または補完が可能になるといえる。これに、アクチュエーター（物理的機械または操作手段）が一体化すると、いわゆる「ある程度の知的活動を伴ったロボット」ができ、AI が単なる情報処理のソフトウエアから、生産装置または知的マシンになるといいかえることができる。

　まとめると、AI には、情報処理装置という面と生産装置という面があり、その広範な利活用は、これまでとは格段に高い生産性を実現する可能性があるということを示唆しているのである。

3．知の総合化と AI

　本章は、知の総合化・体系化と AI との関係を論じるものであるが、その前に、社会諸科学の科学性を担保する 4 つの条件（問題）を考えてみたい。

　第一は、「還元主義」の問題である。社会科学のもっとも基礎的な単位は、人または組織であり、社会や地域や国家は、その集合体とみなしている。この場合、人は、最小の主体（要素）といえるが、個人の場合と、組織や集団となった場合、人の行動が変容することが考えられる。まさに、集団行動、組織行動をとるからこそ、社会学や組織学や経営学の存在根拠があるといえるのである。この面からすると、「全体は部分の総和以上」といえる。これからしても、還元主義は、本来的に、社会科学では貫徹することができない条件といえる。

　第二は、「機械主義」の問題である。機械主義とは、要素に還元した部分を機械のように組み立てれば、全体が出来上がるとみる。しかし、社会科学の対象は、先にもみたように、要素には完全には還元できないのである。しかも、人は他人とのコミュニケーションをおこない、他者の行動に影響を受ける存在である。また、相互的に影響しあっているともいえる。そこで、機械主義に対して、有機主義という言葉も対置できる。

　第三は、「論理主義」に関する問題である。社会科学も、論理性や数学も用いるが、上記 2 つの理由から、その利用には大きな制約がある。まさに、個別具体的な組織や社会の動きは多様であり、すべての現象や行動に、普遍的に適用される法則も限られるということである。

　第四が、「実験主義」に関する問題である。組織や社会を統制することは現実的には不可能である。あらゆる要因が変動しているので、ある政策が打たれても、その効果を正確に測定することはできないのである。しかも、実験が正しいためには、観察主体と観察客体が完全に分離していることが必要であるが、社会科学では原理的に、それも不可能である。

　以上からすると、社会科学は近似的には科学であるが、厳密的な意味では、科学ではないといえる。

　しかし、自然科学と比して科学性は低いといえるが、人や組織や社会や国家にとっては、有用な知見も提供していることは間違いないであろう。そもそも、人は、なんらかの法則や概念やルール（規範）に従って、意思決定をしたり、行動をとる存在である。

　経済領域において、生産物（付加価値）をもたらすものは、資本と労働という 2 つの生産要素であるが、AI はこの生産手段をどのように、増大または拡張できるであろうか。

　暦本純一氏によると、ICT によって 4 つの「人間の拡張」が考えられるとする（注 15）。

　その第一は「身体の拡張」であり、第二が「存在の拡張」であり、第三が「感覚の拡張」であり、第四が「認知の拡張」と述べられている。

　第一の身体の拡張は、身体機能の補完や支援のことである。もともと体に障害を抱えていたり、事故や病気や高齢化によって、体の一部が損傷することは人生のなかで確率論的

に起こりうる。それを補助・支援してくれると「生活の質（QOL: Quality of Life）」が高まるだろう。第二の存在の拡張は分かりにくいが、時空を超えて、複数主体による共同作業ができるようになることだという。今の「メタバース」（Metaverse）の概念に通じる考え方といえるだろう。これによって、様々な遠隔活動が可能となる。第三の感覚の拡張は、五感の能力を高めることであると述べている。たとえば、加齢による視力や聴力の衰えは、人間が生物である以上自然の摂理であるが、その衰えを補助できれば、第一の拡張と同じことが実現できるであろう。第四の認知の拡張は、様々な人間の認知機能の向上を可能にすることである。学習や思考を高めるための支援や補完もこの中に入り、AIは、ここにこそ大きな意義があるともいえるのである。

　経済学からみると、人的資本の強化・増強と同じ意味をもつといえる。一人ひとりの労働者の生産能力を高め、リスクを減らせれば、日本のように生産年齢人口が減っても、一人当たりの生産性は一層拡大するのである。人が働くあらゆる作業や場面で多面的な価値の向上が考えられる。

　ただし、そのためには投資も必要なので、オーグメンテーション費用以上の付加価値の増大が必要である。それは技術開発とその普及によるコストの低廉化と労働者の適応能力の獲得が前提であると考えられる。

　図表1は、知の総合フレームを示している。

　すでに議論しているように、およそ1世紀にわたる現代の知は、連綿と続きながらも、いくつかの断層があるという見方もできる。ここでは、仮説的（仮設的）に、3つの大きな枠組みとして捉えている。ただし、ここでは、システム論的なものに限っている。また、厳密な分類を目指したというよりは、知の有用性の観点から、時代に沿って分けたものである。

　知の総合理論の第一世代として、ここでは、「一般システム論」（GST: General System Theory）をあげている。これは、現代のシステム論につながる知の総合化を目指したものといえる。この理論をきわめて大きく述べると、諸学には、共通した一般的法則があると考える。そして、要素の関係性に着目し、全体は部分の和以上であるとみる。創始者は、

知の総合理論	システムの基礎原理	AIの発展世代
一般システム論 （抽象的・素朴主義）	制　御 （フィードバック）	第一世代 （観念的モデル）
複雑系科学 （創造的・観念主義）	創　発 （自己組織化）	第二世代 （知識的モデル）
認知科学総合 （認知的・現実主義）	創　造 （有用性・自律化）	第三世代 （学習的モデル）

図表1　知の総合フレーム

［筆者作成］

生物学者であるベルタランフィであり、生命現象に対する機械論的認識を乗り越えようと企図したのである（注 16）。

　ただし、この時代ではじめて非線形的現象を説明しようとしたが、物理学や生物学の一部の現象の認識にとどまっていたといえよう。その意味では、野心的で現代的な知的試みではあったが、現実的な有用性は少なく、観念的発想であったといえる。ただし、システム理論としては、機械の制御（フィードバック）理論が取り入れられていった。

　この時代の前後に、計算機科学や情報理論が飛躍的に進歩して、AI の第一次世代が誕生している。

　その後、「複雑系科学」（Complex Science）が誕生した。最初は物理学で議論されていたが、その後、様々な学問領域にその考え方が導入された。むしろ、後半になると、社会科学への応用が進んだのである（注 17）。この複雑系科学は、先の一般システム論と同根ともいえるが、時代的にはそれを乗り越える試みといえよう。そのシステムの基礎としては、「創発」（Emergence）があげられる（注 18）。システムの要素が組み合わされることによって、不思議な現象（特有な現象）が生じることが科学的に承認されたのである。また、「初期値鋭敏性」（Initial value sensitivity）も新しい発見である（注 19）。最初期のちょっとした差異がのちに大きな差となって現れ、それが予測し難い結果をもたらすということである。さらには、要素が新たな組織を生むという「自己組織性」（Self-organization）も認められた（注 20）。

　この時期は、AI でいえば、第二世代にあたる。知識を整理・集積して、それを推論によって、人間の知をシミュレートしようと考えたのである。しかし、ある課題や領域に限ってみても、情報や知識を網羅することは不可能である。さらに、推論においても、その条件設定の限界が露呈したのである。その代表的なシステムが、「エキスパートシステム」（Expert system）であるが、その有用性は少なかったといえる（注 21）。

　図表 1 の第三番目にあたるものは、ここでは、「認知科学総合」（Synthesis of Cognitive Science）と仮に名付けた（注 22）。先に述べた一般システム論は学問史（知の歴史）としては残っているが、いまはその用語はあまり使われていないといえる。それにとって代わったのが、複雑系科学であるが、これも、理論としては残っているものの、近年、あまり言及されることはない。ただし、第三世代 AI のアルゴリズムが、機械学習および深層学習として、画像認識、音声認識、自然言語処理、そして、その複合的な応用として、様々な機械の自律化（または一部の自律化）が可能となっており、その有用性は劇的に向上した。そのバックボーンとしての理論的役割を果たしたといえよう（注 23）。

４．経済性と AI

　第二節の記述は、いわば「内爆発」（Implosion）であったが、ここでは、「外爆発」（Explosion）というべきものを考える。

　およそ 250 年前にイギリスで起きた産業革命は、自動生産とそのためのエネルギー革命および輸送革命であった。蒸気機関が発明されて、動力源としての蒸気圧によって、諸機関が飛躍的に生産性を高めた。

　まずは、自動織機によって、織物が自動的に編まれるようになった。それまでの職人の技術と仕事が、機械にとって代わられたのである。その後は、電気エネルギーが使われ、電力網ができあがった。さらに、情報通信網が電話通信を可能にして、いまのインターネット網（WWW：World Wide Web）につながる。

　P・ドラッカーは、自動生産機械ができるとともに、ネットワーク網が完備されることで、産業革命が成功したと喝破したのである。この考え方からすると、前回の人間能力の拡張も、インターネット網との接続によって価値が倍加するといえる。昨今の「第四次産業革命」（Fourth Industrial Revolution）は、それをさらに推し進めようということである。これによって、世界大に情報や知識が一瞬にして広まることになったのである。

　これは、情報や知識やアイデアの「外部性」（Externality）といいかえることができる。ただし、外部性の効果測定は難しく、かつ正の外部効果とともに負の外部効果もあり、それらは多様な効果を打ち消しあっていると考えることができる。勿論、正の外部効果は高め、負の外部効果は排除するように政府は政策をとりうるのであるが、測定が難しいこともあいまってなかなかうまくいかないのが現実である（注 24）。

　前節では、知の総合化という面から、AI の発展史を眺めてきたが、ここでは、経済学の基礎理論と中心的な経済性、および ICT・AI の基盤について論究することにする。

　経済学で、もっとも基礎をなす理論体系は、図表 2 のように、ミクロ経済学である。さらにいえば、新古典派経済学と呼ばれているものである。創始者は A・スミスであるが、彼は 250 年前に、『国富論』を書き、その基礎を提示した（注 25）。ただし、ここでは、図表 1 と同じように、およそ 1 世紀を射程としたい。

　第二番目の情報経済学と第三番目の行動経済学との比較を中心としてその特徴を考えてみたい。ここでは、それを 2 つのメルクマールで分ける。その第一は、「合理性」（Rationality）であり、第二は、「情報の不確実性」（Information uncertainty）である。

　経済学は、人間の経済領域に関する意思決定や行動の法則を知り、その改善のための方策（政策）を立てることが目的であるが、それにかかわる人間を合理人とみるのである。しかも、経済活動に関する情報が十分にあるというのが前提となっている。この時代の中

経済学の基礎	中心的な経済性	ICT/AI の導入
ミクロ経済学	規模および範囲の経済	FA/OA
情報経済学	ネットワークの経済	Web/SNS
行動経済学	AI の経済	DX/AI

図表 2　経済経営の総合フレーム

[筆者作成]

心的な産業は、大規模製造業である。巨大な生産システムを制御して、「規模の経済」(Economies of Scale)を実現することである。

1980 年代以降、現在はミクロ経済学の一部門といえるが、「情報経済学」(Information Economics)は、合理人仮説を採用はするものの、「情報の不確実性」および「情報の非対称性」(Information asymmetry)を認めている。きわめて大局的にいうと、情報の不確実性 (不十分性) を解消するために、ICT やインターネットが様々な領域に活用されたといえる。その象徴的なシステムが、Web であり、SNS である。ここでは、「ネットワークの経済」(Economies of Network)が実現しているとみる。

最後の「行動経済学」(Behavioral Economics)は、人間の非合理性 (感情的かつ直感的判断) を認めて、経済活動での人間らしい現実的な意思決定や行動を分析しようという試みである。これは、一見、「AI の経済」(Economies of AI)とは矛盾するようにみえる。なぜなら、AI は、人間の知能を模したものであり、コンピュータプログラムであるからである。

ここでは、AI は人間の限界を克服する社会経済装置 (社会システム) であると読み込みたい。

その第一は、人間の身体性問題の克服である。人は生物であるので、一定の物理作用しか生み出せない。道具を使った生産には筋肉系の限界がある。そこで、機械が生まれた。様々な生産機械や輸送機械などである。しかし、それを今までは人が操作しなければならず、その操作にも人手がかかる。AI によって、自動操業や自動運転ができれば、人手不足の解消になり、人の労苦はかなり減少する。

第二は、精神性の問題である。ここでは、それを 3 つに分けて考える。そのひとつ目は、正確な作業を維持することである。人は身体性とも連動するが、長時間の単純な反復作業や監視作業をし続けられない。そこで、IoT や AI による認識システムや監視システムの活用によって、人の代替が可能となる。しかも、精神的疲労による監視ミスや判断ミスが防げることになる。そのふたつ目は、行動経済学的な人間の誤認や偏見の除去である。人は、経験や学習によって、知的成長を遂げるが、生まれながらにもつ意思決定の方法やバイアスからは逃れられない。情報が十分にあり、その処理時間があるときですら、人間らしい認知・判断をおこなう。これは、「ヒューリスティクス」(Heuristics)と呼ばれているが、その意思決定メカニズムを無意識に利用している。そのヒューリスティクスには、主に 3 つのカテゴリーがある。第一は、「代表性バイアス」(Representativeness bias)であり、つねに、もっとも有名なよく知られているモノを購入または利用しようとする。第二は、「利用可能性」(Availability)であり、いまもっとも流布している、または関心のある情報を利用して判断するということである。第 3 は、「アンカリング」(Anchoring)であるが、数値情報の参照点からのずれで判断してしまうのである。この 3 つが複合的に作用して、直感的または簡便な方法で意思決定をしてしまうのである。AI はこのバイアスを発見し、人の意思決定の欠点を補うことが可能となるのである。ただし、ビッグデータ自身も、人の表明した意思決定やプロセスに関するデータ等で構成されているので、人の偏見が内在して

いることは避けがたい。みっつ目の精神性は、創造的な活動に関するものである。AI は第三世代であっても、いまだに人間以上に創造的であるという論者はいないであろう。しかし、人の創造活動を支援することは、今の技術水準でも十分に可能である。AI における上位のアルゴリズムは人の設計にかかっているが、部分的または下位レベルのオートチューニングは可能になりつつある。

　それらを総合して、ここでは、「AI の経済」と呼ぶこととしたい。

5．結論

　本論文では、AI の未来というよりは、AI の背景となった「知の考古学」的な論考を展開した。いうなれば、AI の未来を過去の知的努力の軌跡から眺めようとしたのである。

　先達たちの知的努力に敬意を払いつつ概観すると、2 つの大きな知的トレンドが交差しながら形成されてきたといえる。

　近代の知は、原則的には課題の分解とその分析にある。どんどんと細分化して課題を同定し、観察と実験を通じて、法則を発見していくのである。その集積が、諸科学を形成している。

　一方、細分化しすぎると、全体像が見えなくなる。と同時に、細分化では特性が消失する現象も発見された。この場合は、むしろ、全体性を肯定し、総合的かつ統合的に理解・把握するほうが望ましいといえる。

　第 2 節での論考による、一般システム論や複雑系科学がまさにそれである。ただし、前者では、物理学のなかに、非線形かつ非平衡的な現象があることを発見したが、それを社会科学まで展開した段階で、知的限界が露呈したといえる。一言でいえば、図表 1 のように、素朴なあてはめや哲学的着想にすぎなかったのである。後者は、一般システム論の構想を拡張しながら、新しい概念を導入した。それによって、知的な水平線は広がり、知の深化が起きた。

　複雑系科学それ自体の学問的発展は、近年、あまりないともいえるが、AI という計算機科学や情報科学の発展のなかに取り込まれる形で、社会経済への有用性を飛躍的に向上させているといえよう。

　いいかえると、AI という目に見える形で、成果を生み出し始めているのである。

　図表 1 の「認知科学総合」という面と、図表 2 の「行動経済学」は符合している。というのは、両者に共通している中核概念は、「認知」（Cognition）である。前者は、複雑系科学の延長から考えると、複数の要素間の関係性から導かれる非線形的創発現象の理解であり、後者は、経済面における人の意思決定の認知的歪みに関する記述である。ただし、行動経済学的理解においても、「他者性」（Otherness）がある。それぞれは、合理的な判断が十分にできないとともに、他者からの影響も大いに受けているのである。さらには、「時間選好問題」（Time preference problems）も内在している。人は将来に対しての評価が十分に

できないのである。

　この認知課題の解消を目指したのが、AI ともいえるのである。ただし、組織や社会に内在する本質的規則性を人はまだ十分に理解していない。さらには、人自身の認知メカニズムや判断・評価ルールに関する行動経済学自体が非体系的であることをみても、完全な理論とはいいかねる状態である。

　どちらにしても、それらを漸次マイニングしていくための装置（システム）であり、アルゴリズムが AI であるといえるのである。

　総括すると、AI は、およそ 100 年間の総合的知性の実体化・具現化であったといえよう。

6．おわりに

　本小文は、現代知のあり方と AI 知をシンクロさせながら、AI による経済社会のあり方を論じたものである。きわめて短い論考の弊害は、単純化や極端化の弊害である。ここでは、あえてそれを承知のうえで論考を進めた。

　しかし、本文で述べたように、知の発展は、細分化と統合化の繰り返し、または揺り戻しにある。

　翻って、AI は、まさに現代社会の発展の主要な駆動力（メインドライバー）であり、バズワードである。

　諸書が大きくその成果を喧伝しているほどには、いまだ、大きな社会経済的な成果が出ていない。とともに、その潜在的可能性は語られている以上に大きいかもしれないのである。

　今後とも、AI に関する細分化と統合化の議論を積み重ねながら、現実的価値をあらゆる社会経済領域のなかで作り出すことが必要であろう。

　最後に、AI による個人情報の保護問題や監視問題という負の面があることを指摘して終わりとしたい。

注

注 1　VUCA という言葉がある。Volatility（変動性）と Uncertainty（不確定性）と Complexity（複雑性）と Ambiguity（曖昧性）の頭文字をとったものであるが、昨今の社会経済の不確実性をよく表していると考えられる。拙著「VUCA という世界時代認識」ai-colab.com 参照。

注 2　ムーアの法則によると、18 か月ごとに、CPU の集積度が約 2 倍となる経験則からの法則である。『IT 用語辞典』、e-words.jp、参照。

注 3　5 G とは、第 5 世代移動通信システムのことで、それらの技術規格のことである。『IT 用語辞典』、e-words.jp、参照。

注 4　総務省編『令和 2 年度版情報通信白書』参照。

注 5　ダートマス会議（1956）に参加した研究者は、計算機科学や認知心理学や情報工学者などであった。ということは、AI は、そもそも「コンピュータ科学(Computer Science)」と「認知科学(Cognitive Science)」の融合したホットな分野として出発したといえる。馬場口登・山田誠二著『人工知能の基礎』（オーム社、2015）参照。

注 6　注 5 の同書参照。

注 7　本文以外でも、総務省編『情報通信白書平成 28 年度版』のなかで、AI の定義に関して様々な専門家の見解がまとめられている。溝口理一郎氏は、「人工的につくった知的な振る舞いをするためのもの（システム）である」と述べている。また、長尾真氏は、「人間の頭脳活動を極限までシミュレートするシステムである」と述べている。

注 8　Barr, A. and Feigenbaum, E.A., "The Handbook of Artificial Intelligence", Volume Ｉ, Pitman, 1981, 参照。

注 9　上野晴樹著『知識工学入門』（オーム社、1985）参照。

注 10　話はちょっと飛躍するが、ＡＭＡ（American Marketing Association）のマーケティングの定義の仕方が参考になる。マーケティングのような経営環境や市場環境および技術が素早く変化するなか、マーケティングの定義は、時代に合わせて何度も改訂されており、ＡＩも技術に合わせて変化していく可能性がある。

注 11　日本認知科学会（HP）の植田一博氏の見解である。

注 12　『ACII.jp』より引用。

注 13　『デジタル大辞泉』より引用。

注 14　『ブリタニカ国際大百科事典』より引用。

注 15　総務省『情報通信白書令和元年度』参照。もとは暦本純一他著『東京大学大学院情報学環ヒューマンオーグメンテーション学』に基づく。

注 16　ベルタランフィ著、長野敬・太田邦昌訳『一般システム理論』（みすず書房、1987）、参照。

注 17　もっとも典型的な応用理論に、R・アクセルロッド著、高木晴夫監訳『複雑系組織論』（ダイヤモンド社、2003）がある。

注 18　創発性とは「要素間の局所的な相互作用が全体に影響を与え、その全体が個々の要素に影響を与えることによって、新しい秩序が形成される現象」のことである。『デジタル大辞泉』より引用。個々間では、シナジー効果といえるが、創発性では、全体との関係性が議論される点が異なるといえる。

注 19　E・ローレンツの発見による「バタフライ効果」のことである。ここから、カオス理論が生まれる。吉永良正著『「複雑系」とは何か』（講談社、1996）参照。

注 20　経済学としても、この概念は採用されている。P・クルーグマン著、北村行伸・妹尾美起訳『自己組織化の経済学』（東洋経済新報社、1997）参照。

注 21　第二世代 AI の花形のシステムは、まさにエキスパートシステムであったが、本文のように、その有効性は示しえなかったといえる。古明地正俊・長谷佳明著『ＡＩまるわかり』（日本経済新聞社、2017）参照。

注 22　このような学術概念はなく、筆者の仮説的造語であるが、その考え方は、大局的には、ほぼ認められているといえよう。もともと認知科学は複合・融合領域ともいえるが、経済学や経営学がなども含む意味でさらに総合的であるとここでは定義づけた。道又爾他著『認知心理学』（有斐閣、2008）参照。

注 23　より具体的な AI アルゴリズムとしては、深層強化学習(Deep Reinforcement Learning)や遺伝的アルゴリズム（ＧＡ: Genetic Algorithm）などがある。注 55 の文献参照。

注 24　政府は、正の外部効果においては、補助金などでそれを支援し、負の外部性に関しては、課税や規制をおこなうが、本文の通り、その制御は容易ではない。本来は、市場の失敗を埋めるために政府が関与するが、政府の失敗することが知られているのである。井堀利宏著『基礎コース公共経済学』（新世社、1999）参照。

注 25　アダム・スミスは、経済学の父と呼ばれているが、その思想は、自由主義といわれている。高島善哉著『アダム・スミス』（岩波書店、1983）参照。

参考文献

【1】Kahneman, D and A. Tversky (1974) Judgment under uncertainty: Heuristics and biases, *Science* 165, p1124-1131

【2】Kahneman, D and Tversky, A (1979) Prospect Theory: An Analysis of decision under risk, *Econometrica* 47(2)p263-291

【3】Thaler, R (1980) Toward a positive theory of consumer choice, *Journal of economics behavior and organization* 1, p39-60

【4】Kelly, K (1998) New Rules for the New Economy, VIKING

Weitzel, T (2004) Information Age Economy: Economics of Standards in Information Network, Physica-Verlag

【5】K・ハイデン著、株式会社グロービス監訳『シナリオ・プランニング』(ダイヤモンド社、1998)

【6】R・ポール　L・エルダー著、村田美子・巽由佳子訳『クリティカル・シンキング』(東洋経済新報社、1998)

【7】N・ウィナー著、池原止戈夫他訳『サイバネティックス』(岩波書店、1969)

【8】T・クーン著、中山茂訳『科学革命の構造』(みすず書房、1987)

【9】K・ポッパー著、久野収・市井三郎訳『歴史主義の貧困』(中央公論社、1961)

【10】G・コーエン　M・W・アイゼンク　M・ルボワ著、認知科学研究会訳『記憶』(海文堂、1989)

【11】I・ロス　J・フリスビー著、認知科学研究会訳『知覚と表象』(海文堂、1989)

【12】H・カーニー著、認知科学研究会訳『問題解決』(海文堂、1989)

【13】坂井利之著『情報の探検』(岩波書店、1975)

【14】唐津一著『システム工学』(講談社、1971)

【15】D・A・ノーマン著、野島久雄訳『誰のためのデザイン?』(新曜社、1990)

【16】S・J・ホッチ　H・C・クンリューサー編　小林陽太郎監訳『ウォートンスクールの意思決定論』(東洋経済新報社、2006)

【17】中谷宇吉郎著『科学の方法』(岩波書店、1988)

【18】澤瀉久敬著『哲学と科学』(NHK出版、1989)

【19】村上陽一郎著『新しい科学論』(講談社、2017)

【20】井戸剛著『人間-機械系の話』(NHK出版、1978)

【21】今田高俊著『モダンの脱構築』(中央公論社、1987)

【22】神武庸四朗著『経済史入門　システム論からのアプローチ』(有斐閣、2006)

【23】市川伸一編『認知心理学』(東京大学出版会、1996)

【24】市川伸一著『考えることの科学』(中央公論新社、2005)

【25】須貝栄訳『マネージャーの仕事』(白桃書房、1993)

【26】淵一博編著『認知科学への招待』(NHK出版、1985)

【27】守一雄著『認知心理学』(岩波書店、1995)

【28】瀬戸一夫『科学的思考とは何だろうか−ものつくりの視点から』(筑摩書房、2004)

【29】瀬戸賢一著『メタファー思考　意味と認識のしくみ』(講談社、1995)

【30】J・C・アレグザンダー他著、石井幸夫他訳『ミクロ-マクロ・リンクの社会理論』(新泉社、1998)

【31】都甲潔他著『自己組織化とはなにか』(講談社、1999)

【32】西山賢一著『複雑系としての経済』(NHK出版、1997)

【33】M・ミッチェル・ワールドロップ著、田中三彦・遠山峻征訳『複雑系』(新潮社、1996)

【34】P・ベルジェ他著、相澤洋二訳『カオスの中の秩序』(産業図書、1992)

【35】森肇、蔵本由紀著『散逸構造とカオス』(岩波書店、2006)

【36】D・カーネマン著、村井章子訳『ファスト＆スロー上』(早川書房、2016)

【37】A・オリヴェリオ著、川本英明訳『メタ認知的アプローチによる学ぶ技術』(創元社、2005)

【38】歴史学研究会編『資本主義は人をどう変えてきたか』(東京大学出版会、1995)

【39】飯田和人著『市場経済と価値　価値論の新機軸』(ナカニシヤ出版、2001)

【40】友野典男著『行動経済学　経済は「感情」で動いている』(光文社、2006)

【41】多田洋介著『行動経済学入門』(日本経済新聞社、2003)

【42】R・セイラー著、篠原勝訳『市場と感情の経済学』(ダイヤモンド社、1998)

【43】M・モッテルリーニ著、泉典子訳『経済は感情で動く』(紀伊国屋書店、2008)

【44】M・ベイザーマン著、兼広崇明訳『バイアスを排除する経営意思決定』(東洋経済新報社、1999)

【45】M・ベイザーマン　M・ニール著、奥村哲史訳『マネージャーのための交渉の認知心理学』(白桃書房、1997)

【46】S・スローマン、F・ファーンバック著、土方奈美訳『知ってるつもり　無知の科学』(早川書房、2021)

【47】和多田作一郎著『AI の基礎知識を知る事典』(実務教育出版、1986)

【48】T・ヘイスティ他著、杉山将他監訳『統計的学習の基礎　―データマイニング・推論・予測―』(共立出版株式会社、2016)

【49】坂村健著『IoT とは何か』(KADOKAWA、2016)

【50】M・シャナハン著、D・チェン監訳、Y・チェン他訳『シンギュラリティ　―人工知能から超知能へ』(ＮＴＴ出版、2016)

【51】R・カーツワイル著、井上健監訳『シンギュラリティは近い』(ＮＴＴ出版、2016)

【52】荒木健治共著『心を交わす人工知能』(森北出版、2016)

【53】D・コンウェイ他著、萩原正人他訳『入門機械学習』(オライリー・ジャパン、2012)

AI・プラットフォームによる付加価値の創出

阪西　洋一

1．はじめに

　私たちを取り巻く環境はここ数年大きく変わり続けている。産業面においては、RPA（Robotic Process Automation）や MA（Marketing Automation）を導入し、生産性の向上を図る取り組みが盛んであり、また私たちの生活に密接な環境を考えてみても、テレワークの急速な普及やメタバースなどの仮想空間も身近な存在になりつつある（注1）。

　このような状況において、情報の捉え方が変化している。そのひとつに AI（Artificial Intelligence）の存在が挙げられる。この AI を活用することでサービスの内容が大きく変化している。例えば、製造業においては測定した数値を収集・蓄積し、複数の軸でデータ化することで、これまでとは違った分析が可能になり、製品へ新たな付加価値を転嫁できるようになった。

　そこで、本稿においては AI、特にプラットフォームに AI を実装すること（以下、これを「AI・プラットフォーム」という。）における社会的価値について考えてみたい。

2．情報の性質

　AI・プラットフォームによる情報の蓄積が、私たちの社会にどのような影響を及ぼすのかを検討する前に、まず情報の根本的な性質について整理しておく。

　第一として、物質的・物理的な形として存在しないという無体性・無形性である。無体なものであるからこそ、複写・コピーが可能であり、しかも無限に繰り返すことができる。これは、1 つの情報をより多くの人に届けることができるというメリットもあるが、デジタルコンテンツの違法コピーによる著作権侵害など、外部不経済を引き起こすことも可能であるというデメリットも存在する。

　第二として、無形性ゆえにそれ自体に意味づけや価値づけ、評価が難しいという価値の測定困難性である。また、情報も他の財と同様に、経済学上の「生産要素に関しての収穫逓減の法則」に当てはめることができる。つまり、1 単位当たりの情報量を追加することにより得られる効用は次第に逓減していくということである。

　第三として、ある人には価値があっても、別の人には全く価値がないという、価値の主観性である。第一の無形性ということもその原因の 1 つであるが、その情報を欲している人には非常に価値があるが、欲していない人にとっては何ら価値を見出すことができない。

そして第四として、情報は時間軸で価値が変わってくるという価値の変動性である。必ずしもそうではないが、基本的にある特定の情報は古くなると急激に価値を失う。

以上のように、情報にはこれら4つの性質がある（注2）。これらの性質はいずれも情報を不確実な側面からとらえた性質であり、情報を入手することで得られる効用を議論する場合は、これらの不確実性要因を考慮して検討することが必要である。

3. プラットフォームの定義

本論で取り扱うプラットフォームについて定義づけておく。ここではコンテンツの共有に関する得られる付加価値とコストに着眼しているため、本論におけるプラットフォームを「複数の参加者が需要側・供給側の双方となり、需給間での価値交換を円滑化にするビジネスモデル」と定義する。

これまでプラットフォームについては、様々な定義がなされており、異なるグループといった分類や、消費者と開発者といった区別がなされることが多い（注3）。しかしながら、同一人物でありながらもあるときは生産者として、またある時は消費者としてプラットフォームに参画することもある。例えば Instagram がそうである。同一人物においても、ある時は投稿者として情報の生産者となるが、他者の情報を見ることで情報の消費者ともなる。後述するが、本論で扱うテーマは、AI を活用した情報や経験を蓄積する社会的装置としてのプラットフォームを取り扱うため、生産者・消費者といった区分を固定せずに考えていくものとする。

また、グラフ理論から考えてみると、プラットフォームであれば、ノードの数に比べてリンクの数が少なくなるので、情報を入手するためのエネルギーやコストを抑制することができる。つまり、直接ネットワーク型であれば、情報にアクセスするにはそれぞれのノードにアクセスするため、その分だけエネルギーもコストも必要で、ノードの数とエネルギーやコストは比例の関係にある。しかしながら、プラットフォームのような間接ネットワーク型は、1つのノード（プラットフォーム）にアクセスするだけで、そのネットワークにつながっているリンクからの情報をすべて入手でき、エネルギーやコストを抑えることができる。

図表 1　直接ネットワークと間接ネットワーク

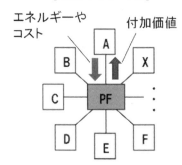

（筆者作成）

　間接ネットワークの例としては、Google のような検索サイトが挙げられる。ネットワークへアクセスし情報を入手しようとする者は、プラットフォームの検索エンジンを利用することで、必要な情報を選別・評価し、入手するためのエネルギーやコストを抑制しようとするのである。Google に限らず GAFA の存在根拠もこの特徴によるところが大きい。

　一方で、世界中の情報が入手できる巨大な検索エンジンになると、検索リストに表示される情報が多量であることやコモディティ化された情報であることなど、本当に欲求している情報がみつけられなくなることもある。そこで事業領域を特化した検索サイトが存在する。事業者向け工業用間接資材の EC サイトであるモノタロウなどがその例である（注4）。また、ユーザーが自分の興味や趣味に合う画像をウェブ上で収集・管理するピンタレストは、独占的で排他的である Google というプラットフォームをうまく活用している。Google 上にあるメタデータを集め、まるで補完財のように Google 上でプラットフォームを構築しているのである。

　このように、大きな視点よりもより細かい情報を業界・地域レベルで入手したい、個別具体的なより深い知識を入手したいという欲求も存在しており、このことが業態特化や地域密着の中小企業が存在する根拠の 1 つになっている。

4．ミクロ経済学的知見の考察

4．1　需要供給曲線

　まず、ミクロ経済学の考え方から AI・プラットフォームによる社会的価値を生み出すモデルについて考えてみたい。そこで、需要供給曲線を用いて社会的余剰が AI・プラットフォームによりどのように変化するかをシミュレーションすることとする。

図表 2　社会的余剰の変化

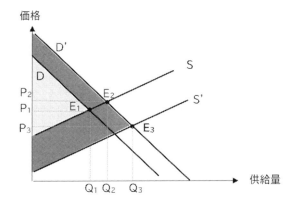

　まず、ある商品を購入したいと希望する需要曲線を D とする。消費者にとっては、これまでは商品に関する情報が少なかったため取引への抵抗が高く、需要が少なかったが、AI・プラットフォームにより情報量が増加することで需要が増加すると仮定する。そうすると、需要曲線は D から D'にシフトする（注 5）。

　次に、商品を生産したいと考えている企業の供給曲線を S とする。この企業は、AI・プラットフォームの利用により情報発信コストやマッチングコストが低下することで供給量が増加すると仮定すると、供給曲線は S から S'にシフトする。

　これらの結果、均衡点が E1→E2→E3 へ、価格は P1→P2→P3 へとシフトする。価格は需要の増加によりいったんは上昇するも、供給量の増加により下降する。その結果、価格については当初とほぼ同じ程度になる。一方、供給量は Q1→Q2→Q3 へとシフトする。需要の増加により供給量も増加し、なおかつ、コストの低下によりさらに供給量が増加するのである。

　これが価格は上昇せずに取引量が増加し、全体の余剰（社会的余剰）が増加するという AI・プラットフォーム価値創出の基本モデルである。このモデルを基礎として、以降 AI・プラットフォームの経済的価値について考えてみたい。

4．2　ボックス・ダイアグラム

　ここでは、AI・プラットフォームによる情報交換が、どのような価値をもたらすのかを純粋交換経済の視点から、情報という複数の財について着目し一般均衡の視点から分析してみたい。

　まず、一般均衡を取り扱うにあたり、3 つの仮定を設定しておく。

阪西 洋一

　第一は、完全競争市場としてとらえることである。需要サイドと供給サイドの双方が、価格を所与とし効用の最大化を図るものとして行動すると仮定する。

　第二は、複数存在する需給関係を簡素化のために、財とプレイヤーの数を可能な限り少なくする。具体的には 2 財 2 プレイヤーのケースで分析を試みる。一般均衡分析では、2 財 2 プレイヤーという最小数で考えた場合においても、財やプレイヤーの組み合わせを変えることによって、無限のケースを表現することができる。

　そして第三は、交換前と交換後の 2 つの段階で考えることである。はじめに、特定されたプレイヤーが初期に保有している量を経済の総和としてとらえ、そのプレイヤー間で初期保有量がどのように配分され変化するかということを検討する。つまり、そこには新たな生産は発生せず純粋交換がなされるとする。情報について考える場合においても、新たな情報を生み出すということではなく、互いに保有している情報を交換し、プレイヤー間において配分がどのように変化するかについて議論を進める。

　では、純粋交換経済のフレームであるエッジワースのボックス・ダイアグラムを用いて、情報交換について考えてみる（注6）。ボックス・ダイアグラムとは、2 人が 2 財を交換することによって、双方にとって効率的な資源配分ができるかを議論したものであり、1 つの図の中で 2 人の初期保有量と効用を表現することができる。

　ここでは、不動産市場を例に、2 社の不動産業者が 2 種類の情報を交換する場合の資源配分についてシミュレーションしてみよう。

　まず不動産市場の情報は物件情報の他、顧客情報や地域情報など多種多様である。物件情報には、建物の構造や立地などのハード面もあれば、価格や所有者などのソフト面も存在する。また、顧客に関する情報には家族構成やライフステージ、周辺地域の情報があり、この他、同業種・異業種など業者間のネットワークに関する情報もある。さらに違う視点からみると、消費される情報と蓄積できる情報がある。例えば、売りたい・買いたいといった取引やマッチングを希望する情報などは、その希望が叶えられれば、ニーズが達成されるため消滅するまたは消費されるととらえることができる。一方、顧客のライフステージや周辺情報、業者間ネットワークに関する情報などは、誰かに与えることによって消滅・消費されるわけではなく、共有することや参加者が増えることで価値が高まるという性質を有している。

　ある消費者が利用や消費することによって、他の消費者が利用できなくなることを競合性という。一方、対価を支払う消費者が利用でき、支払わない消費者は利用できないといった特定の人を排除することを排除性という。そして、情報には競合性の性質をもつ情報と非競合性の性質をもつ情報の両方が存在し、また会員制などの導入により排除性と非排除性のいずれかの性質を選択する場合がある。例としては、特定の不動産物件という財に付随し、シグナルとなる情報として人のニーズが挙げられる。この情報は不動産物件という私的財に付随するのでその性質も付随し、競合性・排除性を有するととらえることができる。この場合、売買のマッチングがなされれば、そのニーズは達成され付随するシグナ

ルが消費されたとみなすことができ、この場合の情報は消費財・私的財であるといえる。

　一方で、モノに付随するのではなく、情報そのものが独立して存在する場合もある。例えば、ハザードマップなどの地域に関する情報などがあり、これらはある消費者が保有している情報を他者に提供したとしても量としては減少しない。つまり、交換しても減少・消滅せず増え続けるのである。そうすると、経済的な総量は増加することになり、そのうえネットワーク効果により爆発的に大きくなることもあり得る。

　以上を踏まえ、まずは取り扱う情報を買主や借主といった物件を求めるサイドと、売主や貸主といった物件を売却・貸出を希望するサイドの2種類にわける。そして、物件を求めるサイドの情報を「探求情報」、売却や貸出を希望するサイドの情報を「所有情報」と呼ぶこととする。

　では、具体的にボックス・ダイアグラムに当てはめ、効率的な資源配分を導き出してみる。

　まず、業者Aと業者Bの2社が存在するとし、業者Aは初期の保有情報量として、顧客の探求情報をXa1、所有情報をYa1保有しているとする。一方、業者Bは初期の保有情報量として、顧客の探求情報をXb1、所有情報をYb1保有しているとする。なお、業者A、Bのそれぞれが保有する探求情報と所有情報は、自身ではマッチングできる情報ではないものとする。

　業者Aについては、左下に原点を取り、X軸（横軸）が探求情報量、Y軸（縦軸）を所有情報量とすると、原点Oaに凸の無差別曲線（効用曲線）で表される。つまり、業者Aにとっては原点Oaから遠ざかった方が（右上に位置した方が）効用が大きいということになる。また、業者Bについては、右上に原点を取ると、原点Obに凸の無差別曲線を描くことができ、原点Obから遠ざかった方が（左下に位置した方が）効用が大きいということになる。

　また、探求情報量と所有情報量については、それぞれ業者Aと業者Bの保有量の和を、経済的に存在する総量として、横軸及び縦軸として示すことができる。つまり、探求情報量の総和はXa1+Xb1であり、所有情報量の総和はYa1+Yb1である。

　さて、初期の保有情報量はそれぞれ、業者A（Xa1,Ya1）、業者B（Xb1,Yb1）と仮定したので、これを図示すると点Nの位置になる。

　この場合では、業者Aは、所有情報（Y情報）を比較的多く保有しており、業者Bは探求情報（X情報）を比較的多く保有しているという状況である。

阪西　洋一

図表 3　ボックス・ダイアグラム

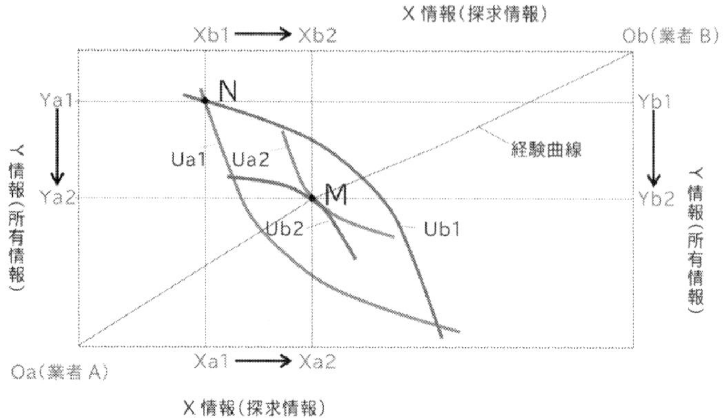

（筆者作成）

　ここで、2業者の効用を考えてみる。業者 A の初期の効用曲線は Ua1 であるから、原点 Oa よりそれよりも遠ざかれば、つまり右上に上がれば上がるほど業者 A の効用は大きくなったことになる。同様に、業者 B の初期の効用曲線は Ub1 であるから、原点 Ob より遠ざかれば、つまり左下に下がれば下がるほど業者 B の効用は大きくなる。

　ここで、業者 A の効用曲線が Ua1 から Ua2 に移行し、業者 B の効用曲線が Ub1 から Ub2 に移行し、点 M で接するとする。この場合、業者 A からみれば効用曲線が原点 Oa から遠ざかっているため、業者 A の効用は大きくなったことを表現している。一方、業者 B においても効用曲線が原点 Ob から遠ざかっているため、業者 B の効用も大きくなったことを表現している。つまり、業者 A、B が互いに相手の効用を下げることなく自己の効用を挙げたことになり、また、点 M で接しているということは、これ以上、高められなくなったことを意味している。よって点 M はパレート最適点である。このとき業者 A は、初期状態から探求情報（X 情報）を Xa1 から Xa2 に増やし、その代わりに所有情報（Y 情報）を Ya1 から Ya2 に減らしている。逆に、業者 B については、探求情報（X 情報）を Xb1 から Xb2 に減らし、所有情報（Y 情報）を YB1 から Yb2 に増やしている。この結果、業者 A と業者 B が互いの情報を交換し合うことで、双方の効用が高まったということになる。

　こうすることで、物件を求めるサイドと所有するサイドの双方のニーズが満たされた、つまり情報交換により社会的価値が増加したのである。

　次に、情報の無形性に着目し、複製できる情報について考えてみたい。

　業者には、得意とする業態と不得意な業態（専門外の業態）があるとする。得意とする業態のニーズであれば、自社において応えることが可能であるが、顧客から寄せられる依頼は、必ずしも得意業態のものとは限らない。

　そこでここでは、業態ごとに違うノウハウや知識など相手の望むものを渡しても、全く同じ内容のものを手元においておくことができる情報について、ボックス・ダイアグラムのフレームになぞらえて考えてみる。業態 A の取引に関する情報を X、業態 B の取引に関する情報を Y とし、初期状態での業者 A が保有する情報を（Xa1,Ya1）、業者 B が保有する情報を（Xb1,Yb1）とする。なお、Ua1 は業者 A の、Ub1 は業者 B の初期状態の効用曲線である。

　この状態から、業者 A が保有している A 業態の情報 Xa1 のうち α（Xa1>α）、B 業態の情報 Ya1 のうち β（Ya1>β）を提供したとする。同様に、業者 B が保有している A 業態の情報 Xb1 のうち γ（Xb1>γ）、B 業態の情報 Yb1 のうち δ（Yb1>δ）を提供したとする。

図表 4　枠組みが拡大するボックス・ダイアグラム

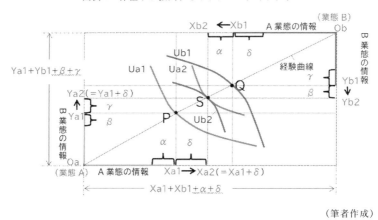

（筆者作成）

　この場合、情報の新たな生産がなされるわけではない。業者 A、B がそれぞれにすでに保有していた情報の一部を相手方に提供しただけである。そして、情報を相手に提供したものの、その情報も消滅・消費せず自分の手元にも残るので、互いに提供した分の合計が、経済的に存在する情報量として増加したことになる。つまり、横軸が（α＋γ）分、横軸が（β＋δ）分だけ空間的に広がったのである。

　本節で取り上げたマッチングに関する情報交換と、ノウハウや知識に関する情報交換は、どちらの場合も現実的に発生している事象である。ただし、点 M や点 S のパレート最適点に到達できないのが現実であろう。さりとて、効用が高まるということはニーズに応えられたということであり、総合的には社会全体の効用を高めるということである。

　今回は、2業者、2業態として仮定したが、実際に社会に存在する情報量は膨大である。AI・プラットフォームにより個人や企業間の情報交換が盛んになれば、上記でみたように市場の発展や社会的価値の向上も期待できるであろう。

4．3　外部性

　財の交換など一般的な取引は、当事者の満足度（効用）を高める。しかしながら、当事者だけでなく、第三者に影響が及ぶ場合もある。例えば、近年インターネットが普及したことにより、これまで情報発信にかかっていたコストが低くなり、誰でも簡単に情報発信できるようになった。そうすると、商品の単位当たりの利益率を変更せずに同じ設定とすれば、これまで1単位の商品情報を発信するのにかかっていたコストが低下した分、販売価格を低く設定できることになる。価格が低くなれば需要と供給の関係から販売量が増加することになり、販売量が増加すれば、単位当たりの利益率が同じなので企業にとっては利益が上昇することになる。このように商品を販売する企業だけでなく、それを取り巻く企業にも影響が及び、同様に利益が拡大することが考えられる。つまり、価格が下がることで消費者の余剰が高まり、一方、販売量が増加することで生産者の余剰も増加するのである。

　このように、ある市場参加者が対価を支払わずに、周囲の人に影響を及ぼす現象を外部性といい、プラスの影響を正の外部性、マイナスの影響を負の外部性という（注7）。先ほど述べたインターネットなどの技術の発達以外にも正の外部性をもたらす場合がある。それは、政策や制度の変化である。例えば、社会的有益な財の生産に補助金を与えるとすると、個人や個社では負担しきれない分を補助金で賄い、供給量が増加すれば社会的余剰が拡大するのである。また、社会的な情報蓄積プラットフォームの創設など金銭以外にも、個人や企業が負担すべきコストを社会的な取組みや制度により、企業の便益を高めることもある。この場合、プラットフォームの利用者は利用料を支払うことで一時的には限界費用が増加する。しかしながら、そのプラットフォームが利用者にとって限界費用よりも限界便益が上回れば、社会的限界費用は個人的限界費用よりも低くなる。また、個別企業が個社でシステムを構築するとコスト的な負担が大きくなるが、共助的なプラットフォームが存在すれば、一社当たりのコストを下げることができる。さらに、一般消費者もアクセスできる優良な情報を提供する社会的に価値のあるプラットフォームの存在は、サービス提供の価値をも高め需要をも変化させることも可能である。つまり価値あるAI・プラットフォームが提供されれば消費者の需要も上昇し、理論上は社会的余剰がさらに増加するのである。

図表 5　外部性の効果

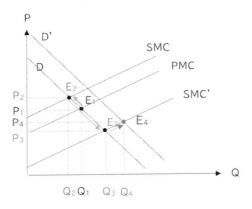

（筆者作成）

4.4　ネットワーク外部性

　本節においては、AI・プラットフォームの活用をネットワーク効果の視点から考察する。

　まず、ここでいうネットワークとは簡単に言えば「つながり」である。個々人間または企業間の情報交換を行うグループのことを指すものとする。

　次に、外部性とは上述したように、対価を支払わない契約当事者以外の行為が、他の人に影響を及ぼすことであるので、ネットワーク外部性は「ある財から得られる個人の効用がこれを消費する人数に依存するような外部性の特別なケース」（注 8）である。電話やFAX などが代表例である。電話は自分一人が保有していても、通信できる相手が一人もいなければただの鉄の塊であり、通信できる相手がいなければ価値を生み出さない。この価値を生み出す相手が何人いるかということで、その商品の価値を測ることができる。

　そして、このネットワーク外部性の背景にはメトカーフの法則（注 9）がある。メトカーフの法則とは、ネットワークの価値はそのネットワークを利用するユーザーの数の 2 乗に比例するというものであり、ネットワークは参加しているユーザー数が多ければ多いほど価値が高くなる。

　次に、ネットワーク外部性が働く環境について考えてみたい。すべての商品やサービスでネットワーク効果が生じるというものではない。例えば、「みんなが着ているから」という理由で、他人と同じ服を購入することは一般的にはない。よほどメンタルの強いカップルでもない限り、できれば服が被ることは避けたい。このようにその市場にネットワーク効果が生じやすいか、つまり 1 つのサービスや技術に傾きやすいかは、規模の経済と多様性の 2 つの視点からとらえることができる。

図表 6　市場が 1 つの技術に傾く可能性

	「規模の経済」効果が低い	「規模の経済」効果が高い
多様性への需要が小さい	まずない	可能性　高い
多様性への需要が大きい	可能性　低い	状況次第

（出典：カール・シャピロ、ハル・ヴァリアン　「情報経済の鉄則」より）

　まず規模の経済とは、生産量が増大することにより、1 単位当たりの生産コストが減少
することをいう。つまり、生産コストが減少することで企業利益が増大するということで
ある。

　次に多様性とは、他に同種のシステムや代替できる方法があり、それらを容易に利用す
ることができるか否か、つまり他のシステムや方法へのスイッチングコストがどれぐらい
必要かということである。この点においては AI・プラットフォームがどのような市場で導
入されるかで、その効果は異なるであろう。

　ここで、AI・プラットフォームをヴァリアンのネットワーク外部性のモデルを用いて考
察する（注 10）。

　今、仮に α 社の企業が存在すると仮定して、順に v＝1，2…，α と固有番号をつけ、企
業 v がこの AI・プラットフォームに参加するために支払っても良いとする留保価格をちょ
うど v であるとする。この場合、ネットワークへの参加コストが P であるならば参加コス
トが少なくとも P の価値であると考えている企業は、α -P（社）である。

図表 7　プラットフォーム参加への境目

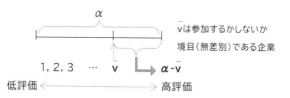

（筆者作成）

　さらに、AI・プラットフォームはネットワーク外部性を帯びるので、参加する企業数を
n とすると、企業 v が AI・プラットフォームに参加する価値は v n となる。つまり、AI・
プラットフォームに参加する企業が増えれば増えるほど、企業一人当たり AI・プラットフ
ォームから得られる情報量が増加するために、より高い支払い意思額を持つことになる。

　このことを式で表す。

　AI・プラットフォームへの参加コストが P ならば、ちょうどこの AI・プラットフォーム

に参加するかしないかの境目に存在する企業（以下、「限界的企業」という）v がいるとする。限界的企業 v にとって AI・プラットフォームに参加するかしないかがちょうど境目（無差別）なので、AI・プラットフォームに参加する支払い意思額はその AI・プラットフォーム参加コストに等しい。つまり、

$$P = v\, n \quad \cdots ① \qquad （v は留保価格）$$

となる。この限界的企業は無差別なので、v よりも高い価値 v を持つ企業は、ネットワークに参加したいと考えることになる。そのネットワークに参加したいと考える企業の数は、

$$n = α - v \quad \cdots ②$$

と表すことができる。
よって、市場における均衡を特徴づける条件は、

②より $\quad v = α - n \quad \cdots ③$

③を①に代入し、

$$P = n\,(α - n) = -n^2 + α\, n \quad \cdots ④$$

が得られる。この等式は AI・プラットフォームも参加コストと参加数との関係になっており、需要曲線として扱うことができる。つまり、AI・プラットフォームへの参加数が n であれば、限界的企業の支払意思額は曲線の高さで表すことができる。

図表 8　AI・プラットフォームのネットワーク外部性

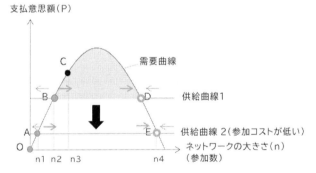

（ハル・ヴァリアン「入門ミクロ経済学」より引用　一部筆者加筆）

　AI・プラットフォームへの参加者が少なければ、情報交換する相手方が少ないので価値が低く限界的企業の支払意思額は低くなる。また、AI・プラットフォームへの参加者が多すぎる場合も、すでにより高い価値をもつ他の企業によるネットワークができているので支払意思額は低くなるのである。
　次に、供給サイドについて考察する。
　AI・プラットフォームによる情報提供については収穫一定の技術で供給されるとすると、

供給曲線は平均費用と価格は等しくなり水平になる。

　ここで、需要曲線と供給曲線 1 には 3 つの交点があることがわかる。

　1 つ目は n＝0 の低位均衡点の時であり、この場合は AI・プラットフォームへの参加者が 0 であるので支払意思額も 0 である。

　2 つ目は点 B の位置の中位均衡点の時で、AI・プラットフォームへの参加者が少なく、参加者はネットワークがそれほど大きくないと考えているため、価値を高くとらえていないので支払意思額も低い。

　3 つ目は点 D の位置の高位均等点の時で、参加者が多く、AI・プラットフォームへの参加に限界的企業は高い価値をもっていないので、ネットワークは大きいものの支払意思額（参加コスト）は低い。

　この需要曲線と供給曲線 1 の関係においては、原点、点 B、点 D の 3 つ点で均衡している。しかしながら、3 つのうちどの点で均衡するかは、動的な調整過程をとることになる。

　AI・プラットフォームへの参加コストよりも支払意思額が大きいとき、つまり点 C の位置のように、需要曲線の方が供給曲線より上方にある時は、参加者は支払意思額よりも AI・プラットフォームから得られる価値の方が大きい。このとき市場は拡大しネットワークへの参加者は増加する。右向きの矢印「→」は、ネットワークへの増加過程を示しており、点 B から点 D までは参加者が増加し続け点 D で均衡することになる。一方で、参加コストが支払意思額を上回るとき、つまり点 B よりも n が小さいときと、点 D よりも n が大きいときは、コストが価値を上回るので参加者は減少しネットワークへの参加者は減少する。左向きの矢印「←」は、ネットワーク参加者の減少過程を示しており、点 B より小さい場合は原点で均衡し、点 D よりも大きい場合は点 D で均衡する。

　このように参加者の増加や減少を考察すると、原点の低位均衡点では AI・プラットフォームへの参加者はいないが、点 D の高位均等点では多くの企業がネットワークに参加している。また、中位均衡点では均衡はしているものの、少しでも左右どちらかに振れれば、矢印のように低位均衡点へシフトするか、高位均等点へシフトするので不安定である。よって、最終的には中位均衡点ではとどまらず、原点の低位均衡点か点 D の高位均衡点で均衡することになる。これが強者はさらに強く、弱者はさらに弱くなるプラスのフィードバックという概念である（注 11）。

図表9　プラスのフィードバックによる勝者と敗者

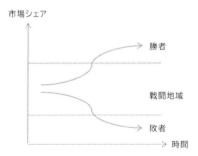

（カール・シャピロ、ハル・ヴァリアン「『ネットワーク経済』の法則」より引用）

　では、どうすれば AI・プラットフォームを点 D の高位均衡点にシフトさせ、ネットワークを拡大させることができるのかについて考察する。

　AI・プラットフォームへの参加コストを引き下げた場合、価格が下がるので供給曲線 1 が供給曲線 2 にシフトする。すると、需要曲線との交点が点 A の位置になり、これまで点 A と点 B の間に位置していた場合は低位均衡点へとシフトしていたが、この場合は需要曲線が供給曲線を上回る、言い換えれば価値がコストを上回るので、AI・プラットフォームの参加者は増加していくことになる。さらに、高位均衡点はよりネットワークが大きい点 E の位置で均衡することになる。このことにより、参加コストを引き下げれば下げるほど高位均衡点へのシフトを誘導できることがわかる。

　このように、AI・プラットフォームが個人や企業にとって新たな情報入手のチャネルとなり、しかも安価に参画できれば、ネットワークへの参加者が増え高位均衡点で均衡することができ、情報量を増やしコストを削減することができるのである。

　GAFA などの巨大プラットフォーマーは、参加コストを極限まで引き下げることで、ネットワークへの参加者数を膨大に増加させている。

　本節では触れなかったが、上記の他に間接的ネットワーク効果や取引コストの視点からも、AI・プラットフォームを考察することができる。また、産業別や地域別の AI・プラットフォームであっても、ネットワークの拡大に関しては同じ理論でとらえることもできよう。これらについては別の機会で述べることとする。

5．AI・プラットフォームの成長と要因

　これまで述べてきたように、AI・プラットフォームは情報量や参加者が増えることで成長する。そして AI・プラットフォームは知識や経験、アイデアなどを蓄積することができる。もし、AI・プラットフォームがなければ、それらの知識や経験を蓄積する機会が減少

し、習得するための訓練や個人での経験など、その学習に相当な費用と労力を要することになる。そのため、知識や知見などの学習を必要としている個人や企業にとっては、AI・プラットフォームは非常に有用なものであろう。

　これらのことを踏まえて、AI・プラットフォームによる知識・経験の蓄積による生産性を図式化してみたい。

図表 10　AI・プラットフォームによる生産性

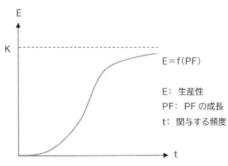

（筆者作成）

　E を AI・プラットフォームの生産性、t をプラットフォームに関わる企業の数や時間などの関与する頻度とすると、プラットフォームへ関与する頻度 t が少ないとき、つまり参加プレイヤー数や情報量が少ないときは得られる価値が小さいので生産性も低い。ところがプラットフォームにはネットワーク効果が働くため、t が増加するにしたがって生産性 E は収穫逓増的に増加する。つまり、参加プレイヤー数や参加回数が増加すると、収穫逓増的に知識や情報が蓄積されるため規模が拡大し、プラットフォームの生産性が向上する。しかしながら、プラットフォームはシステム、つまり組織であるため一定規模に達するとX 非効率性により収穫逓減的になる（注 12）。すなわち、AI・プラットフォームの生産性を示す関数はロジスティック曲線の形をとることになる（注 13）。

　これらを定式化すると、以下のようになる。

$$E = f\ (PF) \quad \cdots ①$$

$$PF\ (t) = \frac{K}{1+e^{-at}} \quad \cdots ② \quad （K は限界値、e はネイピア数、a は変数）$$

①、②より

$$E = B \cdot \frac{K}{1+e^{-at}} \quad \cdots ③ \quad （B は定数）$$

図表 11　AI・プラットフォーム成長の要因

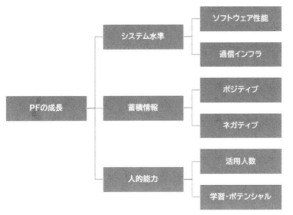

（筆者作成）

　さらに、AI・プラットフォームの成長や規模は、「システムの水準」と「蓄積された情報」と「人的な活用能力」の３つの要因に分けることができる。このシステムの水準を Lev、蓄積された情報を In、活用能力を Ab とおくと、

$$f \ (PF) \ = F \ (Lev, \ In, \ Ab) \quad \cdots ④$$

と表すことができる。

　まず、AI・プラットフォームにおけるシステムの水準とは、ソフトウェアとしての性能や使い勝手といった活用のしやすさということである。プラットフォームを運営するものはプレイヤーがいかに使いやすいように設計するかが必要である。また、それらの基層となっている通信インフラもシステムの一部として捉えることができるであろう。

　次に、蓄積された情報とは、文字通りプレイヤーが得られる知識・アイデアなどコンテンツの質や情報量のことである。この情報の質と量こそが、AI・プラットフォームから受け取る付加価値そのものであり、付加価値がプレイヤーの効用をいかに高めるかということは、全体において重要なことのひとつである。

　最後に人的な活用能力とは、プレイヤーである個人や企業がプラットフォームから提供される価値をどれだけ吸収・活用することができるかといった、いわば使いこなす学習能力のことである。AI・プラットフォームから受け取ることができる付加価値が多く、それらを使いこなすには個人の能力が不可欠である。個人における AI との向き合い方には 3 種類あり、まずはアルゴリズムなどの素養を習得し、データサイエンティストとして AI 発展に寄与することである。しかしながら、この道のプロフェッショナルは世界でも数千人

しか存在しない。対極的に、最低限ではあるが AI の特性や社会的影響を理解しておくという向き合い方もあろう。しかしながら、上記の人的な活用能力とは、これら 2 つのパターンの折衷的であり AI・プラットフォームの成長には最も大きな要因である。すなわち、AI の基礎原理を理解して、ディープラーニングツールを使って課題を解決することができる人材である。

　以上の、システムの水準、蓄積された情報、人的な活用能力の 3 つの要因を数式で表すと以下のようになる。

$$f\ (Lev)\ = F\ (Sp,\ Is)\quad \cdots ⑤$$

　　Lev：システム水準　　Sp：性能　　Is：通信インフラ

$$f\ (In)\ = F\ (Poj,\ Neg)\quad \cdots ⑥$$

　　In：蓄積情報　　Poj：ポジティブ　　Neg：ネガティブ

$$f\ (Ab)\ = F\ (Nu,\ Lea)\quad \cdots ⑦$$

　　Ab：人的能力　　Nu：活用人数　　Lea：学習

④から⑦より

$$f\ (PF)\ = F\ (Lev,\ In,\ Ab)$$
$$= F\ (Sp,\ Is) \cdot F\ (Poj,\ Neg) \cdot F\ (Nu,\ Lea)$$

6．結論

　これまで、AI・プラットフォームにより流通情報量の増加と、コストの削減を実現するシステム構築について、ミクロ経済学の一般均衡理論やネットワーク外部性などのフレームを用いて述べてきた。そして、AI・プラットフォームの成長とそのための要因について考察してきた。その結果、AI・プラットフォームにより社会的余剰が増大することを確認した。

　ここで改めて、AI・プラットフォームの学習装置としての側面について着目したい。

　本論でまず明らかにしたかったことは、AI・プラットフォームという仕組みが、どのように参加プレイヤーの付加価値を高めコストを低減させるのかということであった。これについては、上述したように、ミクロ経済学的知見を用いて最終的に需要供給曲線のシフトにより社会的余剰が拡大することが確認できた。これを AI・プラットフォームの成長要因に置きかえると、「蓄積された情報」による需要の増大と、インフラ整備などの「システムの水準」による供給の増大と見ることもできよう。

　しかしながら、AI・プラットフォームにおいてさらに重要な要素がある。それは参加プ

レイヤー、つまり「人的能力」である。需給面での AI・プラットフォームも重要であるが、それらを下支えする参加するプレイヤーの積極性や活用能力も非常に大切な要因である。また、参加プレイヤーに加えてプラットフォームの運営者においても、参加プレイヤーに付加価値を提供するための、また活用を促進するための学習プログラムが重要になってくる。そうすると、AI・プラットフォームそのものが、人的能力を向上させるための学習装置であると捉えることができる。

図表 12　知識・企業・人財のロングテール

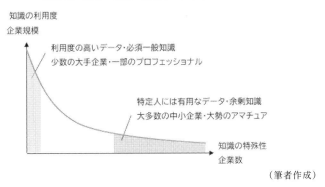

（筆者作成）

　学習装置として AI・プラットフォームは 2 つの視点から捉えることができる。

　第一は、コンテンツであるデータ・情報である。情報財は前述のとおり、無形性・価値の測定困難性・価値の主観性・価値の変動性の 4 つの特徴をもっている。またデジタルデータは、複製が可能でその限界費用がほぼゼロであり、必要な時に簡単に入手可能である。これまでは、情報処理能力や記憶容量、そしてインフラとしての伝達技術の限界などにより、共有性や汎用性の高いデータが優先され、データの送受信にも時間やコストを要してきた。しかし、デバイスやインターネットそして AI の発達により、多様で膨大なデータが蓄積され瞬時に共有できるようになった。つまり、知識やアイデアなどにおいては消費されることなく大量に蓄積することができ、このことによって自分だけが知っている些細なことや、万人受けはしないが限られた人には必要とされている情報も、インプットすることに価値が生じるようになったのである。

　第二は、企業や個人に対する学習装置としての機能である。これまで、AI は限られた企業や個人だけが利用していたが、プラットフォームを活用することで誰でも簡単にネットワークに参加できるようになる（注 14）。つまり、AI・プラットフォームはネットワークの大衆化・民主化を促進させる。また、インターネットを利用したプラットフォームであるため、地理的制約のない集積の経済が起こり新たなアイデアの発見や他者とのコミュニケーションコストの抑制など、オープンイノベーションに適した環境となっている。これ

も社会的学習装置としてのひとつの側面であろう。

　今や AI は限られた一部の人間の領域ではなく、ビジネスや教育などあらゆるフィールドにおいて活用されており、その度合いも日々逓増している。今後、AI・プラットフォームはもはや社会制度の一部になりうると考えている。

7．おわりに

　これからの AI 時代を生き抜くための人材としては、「アルゴリズムや線形代数等の素養を習得したコンピューターサイエンティスト」や、その対極にある「最低限 AI が何たるかを理解している人材」ということが考えられる。しかし本論においてイメージした人材像は、コンピューターサイエンティストほどの専門知識を習得せずとも、「AI ツールを使って目的を達成する人材」である。現に私たちを取り巻く環境に目を向けても、Google の Colaboratory をはじめ Python のライブラリーなど、誰でも無料で使えるツールが公開されている。

　2013 年オックスフォード大学のマイケル・A・オズボーン准教授が『雇用の未来』を発表し、10 年後なくなる業種や職業に関して一時期盛んに議論された。確かに AI により雇用の変化は避けられない。しかし重要なことは、AI の発展を恐れることではなく、私たちの存在価値が何であるかを振り返り、AI を活用しこれまで以上に付加価値を高めることである。まさに co-lab「共に働く」が意味することであろう。

注

注 1　メタバースは次世代のネット社会の中心になると考えられており、メタバース革命と呼ばれることもある。日本においても都市連動型メタバースとして、東京都渋谷区においてバーチャルシティー化を目指す取り組みも進められている。

注 2　総務省「令和元年度版　情報通信白書」では、これらの性質以外にも、データに価値をもたらす 4V という概念があげている。4V とは『volume（量）』、『variety（多様性）』、『velocity（速度）』、『veracity（正確性）』であり、これらがデータの価値創出の源泉となる仕組みでもあると述べている。

注 3　根来（2017）ではプラットフォームを「他のプレイヤー（企業、消費者など）が提供する製品・サービス・情報と一体になって、初めて価値をもつ製品・サービス」としており、特にレイヤー構造に着目している。また、モザドラ（2018）では「複数のユーザーグループや、消費者とのプロデューサーの間での価値交換を円滑にするビジネスモデル」としており、本論ではこの定義に準じている。

注 4　モノタロウとは事業者向け工業用間接資材 EC サイトである。
　　　https://www.monotaro.com/　2022.3.9　アクセス

注 5　ソーシャル・ネットワーキング・サービスサイト「ピンタレスト」
　　　https://www.pinterest.jp/　2022.3.9 アクセス

注 6　イギリスの経済学者、フランシス・イシドロ・エッジワース（Francis Ysidro Edgeworth）が考案したために、その名がつけられた。エッジワースボックスとも呼ばれ、純粋交換経済の交換に関する基本フレームである。

注 7　外部性の定義　カール・シャピロ、ハル・ヴァリアン（2018）　『情報経済の鉄則』（日経 BP クラシックス）より引用。

注 8　ハル・ヴァリアン（2007）『入門ミクロ経済学』（勁草書房）より引用。

注 9　メトカーフの法則　発明者ボブ・メトカーフ（Bob　Metcalfe）にちなんだ命名。「あるネットワークに n 人のユーザーがいて、各ユーザーからみたネットワークの価値が他のユーザーの数に比例する場合、（すべてのユーザーにとっての）ネットワークの合計価値は、n×(n-1)=n2-n に比例する」というものである。例えば、5 人のユーザーがいた場合のネットワークの価値は、5²-5=20 となる。

注 10　ネットワーク外部性のモデルは、ハル・ヴァリアン（2007）『入門ミクロ経済学』（勁草書房）pp.592-598 をもとに作成。1000 という定数を α と置き換えて記述した。

注 11　カール・シャピロ、ハル・ヴァリアン（1996）『ネットワーク経済の法則』（IDG コミュニケーションズ）より引用。プラットフォームへの参加コストよりも支払意思額が大きいときは、参加者は支払額意思額よりもプラットフォームから得られる価値の方が大きい。そのため、市場は拡大しネットワークへの参加者は増加し高位の

均衡点で均衡することになる。一方で、参加コストが支払意思額を上回るときは、コストが価値を上回るのでネットワークへの参加者は減少する。そうすると、最終的には中位均衡点ではとどまらず、原点の低位均衡点か高位均衡点で均衡することになる。これがプラスのフィードバックが起きるメカニズムであり、この均衡点は動的な調節過程をとることができる。

注 12　X 非効率は、アメリカの経済学者ハーヴェイ・ライベンシュタインが『Allocative Efficiency vs. X-Efficiency（配分効率性と X 効率性）』で初めて提示した概念で、規模の経済性や範囲の経済性では利潤最大化を求めて企業が活動するが、実際に企業は長期平均費用が最小化される点で生産しておらず、企業内における無駄(非効率)が生じていることが示された。

注 13　ロジスティック曲線とは、成長曲線とも呼ばれ原点に近いときは収穫逓増し、飽和状態に近づくほど収穫逓減し最終的には限界値に漸近する。

注 14　クリス・アンダーソンは著書『MAKERS-21 世紀の産業革命が始まる-』において、「資格や経歴持つ人に限らず、技能とアイデアと人助けの時間のある、さまざまな分野の多くの人材がそこにいる」ことを「人材のロングテール」と述べている。

参考文献

【1】アレックス・モザド、ニコラス・L・ジョンソン、藤原朝子訳『プラットフォーム革命』（英治出版、2018）

【2】アンドリュー・マカフィー、エリック・ブリニュルフソン、村井章子訳『プラットフォームの経済学』（日経 BP 社、2018）

【3】大西俊介『グローバル戦略を勝ち抜くプラットフォーム戦略』（幻冬舎、2014）

【4】カール・シャピロ、ハル・ヴァリアン、千本倖生・宮本喜一翻訳『ネットワーク経済の法則』（IDG コミュニケーションズ、1996）

【5】カール・シャピロ、ハル・ヴァリアン、大野一訳『情報経済の鉄則』（日経 BP クラシックス、2018）

【6】クリス・アンダーソン、関美和訳『MAKERS-21 世紀の産業革命が始まる-』（NHK 出版、2012）

【7】芝原久男「代理関係における X 非効率の回避」『社会科学ジャーナル』（国際基督教大学社会科学研究所、1983）

【8】清水千広「不動産市場の情報不完全性と価格形成要因に関する研究」（麗澤大学国際経済学部、2007）

【9】鈴木啓　大内紀知「プラットフォームビジネスにおけるサービスの普及促進・阻害要因」『全国研究発表大会要旨集』（経営情報学会、2017）

【10】総務省「情報通信白書」　特集 進化するデジタル経済とその先にある Society 5.0

（2019）

【11】近勝彦「プラットフォームビジネスの経済学的分析」『都市経営研究』（大阪市立大学大学院都市経営研究科第 1 巻第 1 号、2021）

【12】デヴィッド・S・エヴァンス、リチャード・シュマレンジー、平野敦士カール訳『最新プラットフォーム戦略　マッチメイカー』（朝日新聞出版、2018）

【13】トーマス・アイゼンマン、ジェフリー・パーカー、マーシャル W.バン・アルスタイン「ツーサイド・プラットフォーム戦略」『ダイヤモンドハーバードビジネスレビュー2007.6』（ダイヤモンド社、2007）

【14】中川雅之「不動産流通市場の新しい情報提供機能」（日本経営学会誌　第 26 巻第 2 号、2012）

【15】中村優吾　諏訪博彦　荒川豊　山口弘純　安本慶一「観光案内向け CGM キュレーションのためのローカル IoT プラットフォームの提案」『マルチメディア、分散協調とモバイルシンポジウム 2016 論文集』（情報処理学会、2016）

【16】根来龍之『プラットフォームの教科書』（日経 BP 社、2017）

【17】ハル・ヴァリアン、佐藤隆三訳『入門ミクロ経済学』（勁草書房、2007）

【18】平野敦士カール、アンドレイ・ハギウ『プラットフォーム戦略』（東洋経済新報社、2010）

【19】平野正雄「21 世紀のプラットフォームは誰がつくるのか」『ダイヤモンドハーバードビジネスレビュー2016.10』（ダイヤモンド社、2016）

【20】フェン・ジュウ、ネイサン・ファー「プラットフォーム企業へ移行する法」『ダイヤモンドハーバードビジネスレビュー2016.10』（ダイヤモンド社、2016）

【21】マーシャル・W・ヴァン・アルスタイン、ジェフリー・G・パーカー、サンギート・ポール・チョーダリー「プラットフォーム革命」『ダイヤモンドハーバードビジネスレビュー2016.10』（ダイヤモンド社、2016）

【22】溝下博「媒介型プラットフォームの考察―PF の仲介者の戦略―」『全国研究発表大会要旨集』（経営情報学会、2015）

第 1 部　　～都市ビジネスとテクノロジー～

人類の進化と社会の進化：
遊びと LGBT のシミュレーションから

田村　進一

1．はじめに

　コロナ禍では、人類はコロナウイルスの変異・進化に振り回されてきた。ウイルスの進化・世代交代（コピー作成）は分・時間単位であるが、ヒトは 10 年単位である。進化の速度に格段の違いはあれ、進化が注目されてきている。

　筆者は昔、日本の社会は会社中心（メンバーシップ型社会）で、忠社精神の高い社員に支えられた会社からなる日本経済は日本の利点であり、転職容易な・忠社精神の低い欧米のジョブ型社会に負けないと考えていた。封建時代の滅私奉公の文化的名残であろう。しかるに、ここ 20 年、日本の個人所得は韓国にも追い抜かれてしまった。昔よく言われた英国病と同じ日本病にかかってしまったといえる。これは政治家だけの問題ではなく、日本の国民的思考に根本的問題があると考えられる。加えて、ネット化社会になって情報伝搬の高速化と世界の均一化/社会変化の高速化に伴う競争激化に対応できなくたって来ていると考えられる。

2．"遊び"の研究 [1]

　筆者は昔、（株）ディスコ（以下 D 社）社長に、人はなぜ遊ぶんでしょうか？と尋ねられたことがある。それがきっかけで、趣味・遊びを楽しむ人工生命の研究を始めた。限られたスケールでのシミュレーションなので確たることはいえないとしても、「遊びが豊かな世界では生産性が安定する、遊びが豊かでない世界では安定せず、絶滅・破産・消滅する可能性がある」ことが分かった。また、各人は様々な能力・才能を持っており、遊びはそれらの発露であることも分かった。別の見方をすれば、各人は自分に合った仕事をすれば一番効率がいいということでもある。それを考えると、自分に合った仕事を探して転職・スキルアップをしていくジョブ型社会が合理的であり、社会の進化が促進されると考えられる。また、米国のように、社会的イノベータ・ベンチャ挑戦者が出やすいと考えられる。D 社では、社内入札・競争で個人の興味・能力に応じた仕事の最適化を図る意欲のある人間へ仕事が自律的に流れる仕組みを作っている。また、最近は日本の会社で副業解禁の動きがあり、会社と社会の変化・進化が加速する中で、競争に打ち勝つためには、様々な視点・スキル・人脈を持った人たちが必要であることが認識され始めてきたことであり、遊びが豊か・多様性がある社会への指向と軌を一にしている。

3．LGBT 問題 [2,3]

　人間社会で次に問題になる対象として LGBT を取り上げた。LGBT は人口の数%いると
いわれている。国によっては命の危険が伴う性的様態でもある。

　筆者は先に、男女 2 つの性ではなく、e（=2.71・・）個の性で生殖活動ができれば進化
を最速化できることを導いた。しかしながら、e 個の性の間で生殖活動や接合が行われる
ことは不可能である。しかしメンタルには 2 以上の性・生殖相手を求める心やプレッシャ
があってもおかしくはない。一方、LGBT は子孫を残さない様態であるのに、数%いると
いうことは筆者にとって全く不思議なことであった。そこで、筆者の仮説として、人類の
進化に備えた遺伝的因子として多くの人たちに非明示的（潜性）遺伝子として 2 以上の性
指向因子が存在し、一部が顕性明示化されるとのモデルを作った。また、生物の「個体発
生は系統発生を繰り返す（ヘッケルの反復説）」といわれている。すなわち、性転換する魚
の系統特性をヒトが今だ残しているのでは、ということもできる。結果として、LGBT は
定常的に人類遺伝子の中に存在し、進化可能性との（変えようのない）裏腹の関係である
ことが分かった。

　なお、最近の研究によると、50 万人近くの大規模遺伝子解析の結果、性的指向と遺伝的
要因には関連があるとみられるものの、性的指向を決定する特定の遺伝子は存在しないこ
とが明らかにされた[4]。

　この結果から、LGBT は個性・趣味・嗜好の一つであり、同性婚、戸籍、トイレなどで
自然な受け入れ態勢をつくることが社会的に有益であると考えられる。

4．社会の進化：ヒトの作られ方、社会の作られ方、政治体制

　生命の誕生以来、適者生存で競争力をもった生命が進化してきた。苦痛や死を避けて、
エンドルフィンなど脳内麻薬に導かれた欲望や嗜好に従うなどして生活している。競争原
理を考えると、幸せが苦痛を少し上回る程度でほぼバランスし、競争に負けないように苦
労・努力するように淘汰・設計されているはずである。幸せだけの国は存在できるはずが
ない。

　このような思考実験を進めると、最近の ESG（環境・Environment、社会・Social、ガバ
ナンス・Governance）指向が求められ、企業も収益一辺倒ではありえなくなる。

　また、中国の台頭で、専制国家と民主主義国家の対立が大きな問題となってきている。
個別の問題を取り上げれば体制の優劣の判定に迷う問題が多々ある。しかしながら、上の
結果や長期の開発競争力などを考えると、個性を尊ぶ開かれた民主主義国家の方が勝って
いるといえよう。

参考文献

【1】 S. Tamura, S. Inabayashi, W. Hayakawa, T. Yokouchi, H. Mitsumoto, H. Taketani, " Why people play: Artificial lives acquiring play-instinct to stabilize productivity," Computational Intelligence and Neuroscience, vol. 2012, Article ID 197262, 8 pages, 2012. doi:10.1155/2012/197262

【2】 田村進一、特別講演「ノンバイナリ LGBT の進化的必然性」、グローバル経営学会第 9 回シンポジウム、pp.13-18、2018.10.5-6.

【3】 田村進一、"LGBT の進化的必然性の数理"、グローバル都市経営学会 全国大会 基調 講演 2/2 、2021.12.3-4.

【4】 Andrea Ganna, Karin J. H. Verweij, Michel G. Nivard, Robert Maier, Robbee Wedow, et. al., "Large-scale GWAS reveals insights into the genetic architecture of same-sex sexual behavior," Science, Vol.365, issue 6456, 30 Aug. 2019. doi: 10.1126/science.aat7693

LGBT の進化的必然性の数理

田村　進一

1．はじめに

　筆者は、「人はなぜ遊ぶか」の研究[1]を端緒として、ヒトの社会構造や LGBT 問題を、ヒトの進化の観点からシミュレーションと遺伝子分布の研究を行ってきた。これにより、LGBT や小児性愛、犯罪など、社会規範と欲望のはざまで生じる様々な問題・軋轢・悩みなどをヒト・人類の進化の視点で解析が可能となることが分かってきた。

　先に、2018 GBS シンポジウムで、進化を最速にする性の数は e（自然対数の底；ネイピア数=2.718・・）であることを理論的に示した[2]。したがって、男・女の 2 ではなく、多様な性を志向する LGBT への見えない自然圧力が存在することが予想される。しかしながら、現実社会では肉体的性の数は 2 であり、メンタルなノンバイナリ LGBT 志向が人類遺伝子分布に存在しても、それらは子孫を残さないので、それらが人類遺伝子分布に決して小さくはない数％存在し続ける理由は不思議なことであった。本稿では、この構造を解析し、LGBT 以外も含め、ともすれば異端者・犯罪者にされてしまう遺伝子所有者を、人類進化・革新の一端（良いことも悪いことも）であるとの立場から、論を進める。

2．ヒトの性様態モデル

　本稿では、LBGT および Non-LGBT（ここでは標準とも呼ぶ）の様態を M_M, M_F, F_F, F_M でモデル化する。すなわち、身体的性を大字で、またメンタルな性を添え字で示す。今、人類の遺伝子分布が定常状態にあるとし、その Non-LGBT 出現（出生）確率を r、LGBT のそれを $1-r$ とする。そのような様態にある個人同士のペアができる確率は表 1 のようになると仮定する。ここで、r は標準様態（non-LGBT；標準性志向）確率、k, k', a は様態間の嗜好・選好確率である。すなわち、k, k' は非標準性志向(LGBT)であるが、異性を受け入れる率、a は非標準性志向同志が異性を受け入れる率である。

表 1．LGBT 様態のカップル成立確率.
Non-LGBT、LGBT の基本確率は、それぞれ r、$1-r$.

	M_M ½r	M_F ½(1-r)	F_F ½r	F_M ½(1-r)
M_M ½r	0	0	¼ r^2	¼ $r(1-r)k$
M_F ½(1-r)		0	¼ $r(1-r)k'$	¼ (1-) $r^2 a$
F_F ½r			0	0
F_M ½(1-r)				0

田村　進一

　このようなペアの成立に従って、子供を
（必ず1人）残すとすれば、その遺伝 flow
は図1のようになる。中間ノードの数値は
対応ペアの相対成立確率である。成立しな
かったカップルや子供のできない身体的同
性カップルは省かれている。正規化のため
の係数はこれらの和

$$c = r^2 + r(1-r)k + r(1-r)k' + (1-r)^2 a$$

で与えられる。このとき、標準性志向の子供
が生まれる確率は図1の遷移（割合）から、
c で正規化して

$$r = (r^3 + r(1-r)(\alpha k + \beta k') + (1-r)^2 a(1-\gamma))/c$$

これは次に示す r の2次方程式の解となる。

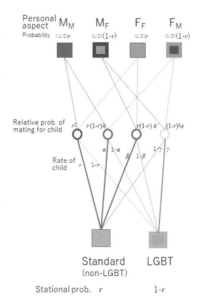

図1　LGBT 志向性の遺伝

$$(k+k'-a)r^2 + (a(2-\gamma) - (\alpha k + \beta k'))r - a(1-\gamma) = 0$$

この解は、定常解を与えるための必要条件であり、いつも妥当な解があるわけではないが、
パラメータ a, α、β、γ、k、k'が 0.5~1.0 の空間で 10 分の1 くらいの割合で $r = 0.8 \sim 1$
付近の解を与える。

表2．　パラメータ例に対する定常解

a	α	β	γ	k	k'	r
0.6	0.8	1	1	0.6	0.63	0.8
0.8	0.8	1	0.6	0.4	0.8	0.89
0.64	0.8	0.96	0.8	0.48	0.8	0.84
0.8	0.8	0.96	0.8	0.64	0.96	0.832
0.55	0.9	0.9	0.85	0.75	0.75	0.857
0.7	0.9	0.9	0.7	0.85	0.9	0.864
0.7	0.95	0.9	0.8	0.8	0.9	0.888
0.95	0.95	0.95	0.95	0.95	0.85	0.9

42

3．考察と結び

　原生動物では多数の性をもつ生物、たとえば16 種の接合的"性"をもつゾウリムシも報告されている［3］。ヒトでは男女2つの性があるから進化があったわけであり、様々な才能をもった人たちが登場する（図3）。最速化するには性の数が多いほど有利であり（図 4）、筆者は e が最適であることを示した。しかしながら、3つの性があっても、3体合体はほとんど不可能である。筆者の仮説は身体的・肉体的には不可能であっても、メンタルには多様な性への志向が潜在していると考えている。本稿の議論では、そのような潜在志向があると、子孫は残せなくてもそのような遺伝的素質は人類の遺伝子分布の中で消滅せず維持されることを示した。一方で、そのような LGBT を気持ち悪いということだけで排斥する志向もあるが、人類が絶滅しない限り存在する不可避でマイナー(生存に関係ない、どちらでもいい、趣味による)な問題であり、人類進化のための一環として受け入れ、共存することが人類全体としてより有益である。これは進化予備因子・多様性の確保と考えることができる。

　同種問題は非対称関係にある"幼児わいせつ行為"にもある。しかしながら、これは対称的LGBT と異なり、被害者の生じうる行為は社会を乱し、厳禁・厳罰である。

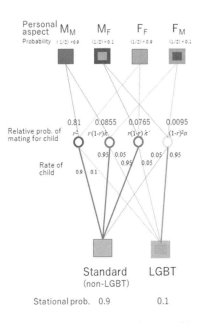

図2　表2最下行の LGBT 遺伝 Flow 例

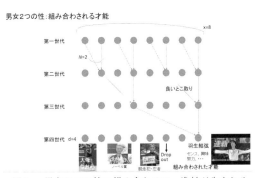

図3．　男女2つの性の組み合わせで、逸材が生まれる。

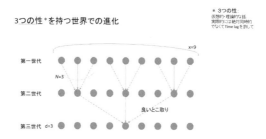

図４．３つの性の合体があれば、進化速度は速くなる。

　さらに視点を広げると社会には進化と不可分な様々な問題が存在する。結果として、ヒト
は本来、様々な能力・才能をもっており、イノベーションのためにはステレオタイプ思考か
らの脱却が必要であり、それには個人・個性・特質の正しい評価と利用が必要である。各人
の特性・才能を最大限活かすためには、新卒一括採用（メンバーシップ型）からインターン・
通年採用（欧米型；ジョブ型）へ、転職による自己キャリアアップ（人材の流動化）、大手
志向からベンチャー志向へ、副業の推奨、裁量労働制へのシフトなどが求められる。

参考文献

【1】 S. Tamura, S. Inabayashi, W. Hayakawa, T. Yokouchi, H. Mitsumoto, H. Taketani, "
　　 Why people play: Artificial lives acquiring play-instinct to stabilize productivity,"
　　 Computational Intelligence and Neuroscience, vol. 2012, Article ID 197262, 8 pages,
　　 2012. doi:10.1155/2012/197262

【2】 田村進一、特別講演「ノンバイナリ LGBT の進化的必然性」、グローバル経営学会第
　　 9 回シンポジウム、pp.13-18、2018.10.5-6.

【3】 巌佐庸、"なぜ性は二つなのか"、遺伝、47 巻 1 号、p.19、1993.

【4】 田村進一、"人類の進化と社会の進化：遊びと LGBT のシミュレーションから"、グ
　　 ローバル都市経営学会 全国大会 基調講演 1/2、2021.12.3-4

方相氏とカロン

河野　一隆

1．古代の美術を構造論的にとらえる

　新型コロナウイルスによるパンデミックも、日本ではひとまず落ち着いた状況が続いている。その理由は、メディアによればワクチン普及だとか季節性のものだとか言われているが、医療に明るくない私には、いったいどうなのか判断することができない。しかし、歴史家の立場から言えることは、一種の狂騒ともいえるような社会不安がパンデミックで引き起こされた背景には、現代社会が意識的に遠ざけてきた、死への不安を私たちがより強く認識したからではなかろうか。TV 画面を通して身近な存在だった人の突然の死は、言い知れない動揺を引き起こした。それが、メディアによって増幅されたものであったことを、多少差し引いたとしても。

　コロナ第五波以前、以前にもまして「おうち時間」が続く中で、奈良大学・小林青樹先生から恵与いただいた『倭人の祭祀考古学』を味読することがあった。祭祀考古学という本書のタイトルからは、大場磐雄が拓いた日本の神道を考古学的に分析するような内容を想像した。しかし、一読するとレヴィ・ストロースとルロワ・グーランの方法を日本の出土絵画資料に適用した、野心的かつきわめて刺激的な内容に心惹かれた。いわずと知れた、レヴィ・ストロースはフランスの構造人類学の泰斗、ルロワ・グーランも同じくフランスの考古学者で、先史学の研究者でその名を知らぬものはいない。ただし、日本では、古代の観念世界を構造論的に分析する研究は、あまりなされていない。奈良県・田原本町教育委員会で唐古・鍵遺跡の調査研究をリードした藤田三郎氏が、以前、弥生時代後期の土器に刻まれた記号文を取り上げて、構造主義的な分析を試みたことが想起される。また近年では、カナダのペッツィンガー氏が、洞窟絵画の記号文をデータベース化し、意味を明らかにするため分析対象とした。小林氏の分析はそれらよりも詳細で、方向性としてはレヴィ・ストロースによるアメリカ先住民の双分組織を、デザイン化した美術品の考察に比肩する内容である。この研究では、双分的な世界観がさまざまな造形品に表現されるメカニズムを、社会と美術という切り口でとらえている。先史〜原史時代に双文系組織を想定することは、ハーバード大の張光直が商代前期の王統を分析したことが想起される。本書は、『倭人の祭祀考古学』というタイトルの通り、縄文時代以来の祭祀伝統を踏まえた、祭祀の象徴性に大きな注意を払っており、構造－象徴主義的な分析に成功している。このことに触発され、本稿では東洋と西洋の他界の守護者のイメージを表象する方相氏とカロンについて、取り上げたい。

２．冥界入りに先導役は必要か？

　古墳時代の装飾古墳を専攻する私がたいへん興味を持ったのは、本書で方相氏に言及した部分である。方相氏とは京都・吉田神社の追儺式などに登場する４つ目の神を指す。この吉田神社の追儺式は、節分祭として今でも数多くの観光客を引き付けている。古くは、方相氏は死者を冥界に先導する際に、露払い的な役割をしたとされている。小林先生の論旨によれば、このような異形の神は、縄文時代以来の伝統で、古墳時代に作られた盾持ち人埴輪もその延長上に位置づけられるという。この盾持ち人埴輪というのは、円筒形の台の上に盾を乗せ、その上に顔を乗せた不思議な埴輪である。手足は表現されていない。ただし、盾はもともと外から来る敵をブロックするための防具であるから、盾の上の顔も威嚇するような表情であってしかるべきだ。ところが、盾持ち人埴輪には、笑ったような顔をしたものもある。もともと埴輪は、一見すると無表情なものが多いが、スマイルマークのように口を弧状に引いたものすらある。実際の顔ではなく、もしかしたら仮面をつけているのかもしれない。だとすれば、方相氏とみるのもあながち無理ではない。

　私が興味を持ったのは、今まで日本の先史時代には認められてこなかった方相氏の造形を想定することで、日本の弥生～古墳時代の他界観の再評価が迫られていると感じたからである 1)。日本の伝統的な他界観は一筋縄ではないが、私の個人的な思いなのかもしれないが、冥界に入る場合に先導役（評価者）が必要という観念は、日本古代ではあまり無かったように思っていた。装飾古墳に表された他界観は、多い画題ではないが、福岡県珍敷塚古墳のように、舟を漕いで目指す場所であった。今はやりの言葉で言えば、自助努力の賜物であった。少なくとも死者が他界に入る場合には、エジプトの死者の書に見るように、自分以外の絶対神から生前の大きな審判が迫られるというような、つまり生と死とが直線的に配列されるようなものではなかったようだ。死と生は自然のサイクルのように繰り返され、万人に開かれる他界観が、日本の先史時代や古代には普通だったように思われる。ただし、西洋における冥界も、中国やエジプト同様に誰もが入れる場所ではない。そのためには冥界の番人・カロンの審判を受けなければならなかったからである。興味深いことに、方相氏と同じくカロンも異形の神である 2)。

３．表された方相氏とカロン

　方相氏とカロンは、洋の東西の装飾墓の中に登場する。方相氏は、戦国時代の湖北省曾候乙墓の漆棺に表された武器を持つ人物のほかに、後漢代の壁画古墳にもたびたび登場している。また、研究会上の口頭発表ではあるが東亜大学の黄暁芬氏が、四川・三星堆遺跡出土の縦目仮面を方相氏と見立てたことも当てはまるものかもしれない。他方、日本の装飾古墳に方相氏が登場することはほとんど無かったと言って過言ではない。方相氏に関連する者として本書で指摘されている力士であれば、福岡県原田五郎山古墳の奥壁に描かれ

た手を挙げた人物がそれに該当するかもしれない。また、弥生時代末期の福岡県城野遺跡
出土石棺に表された顔が方相氏かもしれない（本例は明確な鼻の表現があり、日本古来の
絵の文法に載るものではないことから、私は若干の疑念を持っている）。このように、日本
の装飾古墳で方相氏は、ほとんど登場しない画題であることは疑いないようである。もし
方相氏の信仰が古墳時代に確固たる地位を占めていたのであれば、装飾古墳にはほとんど
登場しないことをどのように考えるべきだろうか。異様な相貌で異人であることを顕現し
ている方相氏が、他の人物像と同じ表現だったとは到底考えられない。なぜなら漢代以降、
中国の壁画古墳に見る方相氏の表現は、異形を強調するように単独で表されているからで
ある。だから日本古来の他界観の中に方相氏の信仰が入り込んでいると聞くと、若干、違
和感を禁じ得ない。もし、方相氏を冥界への先導役とする他界観が、古代以降の神仏習合
のように土着のアニミズムと混淆して日本固有の他界観を形作っていたと考えるのであれ
ば、それが神話の中に痕跡として見られても良いはずだ。瓊瓊杵尊が高千穂の峰に下った
ときに先導役をつとめた猿田彦神がそれだとする見解もある。しかし、神話の文脈から分
かるように、高千穂の峰へ下るのは来世に向かうのではなく、現世にやってくるのである。
つまり、方相氏とは先導するベクトルが異なるのである。

　他方、西洋のカロンはギリシャ絵画の影響を受けたイタリア・エトルリアの装飾墓の中
に登場している。エトルリアは西洋でも装飾墓が発達した地域の一つであるが、エジプト
の絵の文法が踏襲されている。エトルリアでは約 200 基の装飾墓がみられるが、その大半
が都市国家のひとつタルクィニアの墓地に集中している。この墓地の装飾墓の壁画は、ギ
リシャの美術様式にみる古拙期にピークを迎え古典期にも引き継がれるが、ヘレニズム期
には色使いや描画法が大きく変質する。そしてカロンがエトルリア装飾墓の画題に登場す
るのも、このヘレニズム期からなのである。

　カロンが壁画墓に登場する頃、以前のエトルリア墓とは画題が大きく変質している。古
拙期のエトルリア墓の主要な画題は、夫婦が寝台に寝そべって奥壁に描かれた（たとえば
装飾杯の墓など）。これは、宴会場面（シンポジオン）と呼ばれ、現在のシンポジウムの語
源である。ルーブル美術館がエトルリア美術の名品の一つとして収蔵している夫婦の陶棺
と同じモチーフである。このようにデカダンス趣味に走りがちな内容で、オレンジや赤、
黄色などの暖色系の顔料が選択されるのが、初期のエトルリア墓壁画の傾向であった。と
ころが、ヘレニズム期には筆でモチーフの輪郭をしっかりと縁取っており、色使いも青や
緑を多用した、寒色系のモチーフに変わる。他方、中国絵画でも初唐期の絵画は輪郭を強
調する表現が勝っており、薬師寺の鳥毛立女図もこの系統を引く。それ以前の六朝壁画も
とくに北魏・北斉ではこの傾向が強いが、漢代へ遡るにつれて輪郭線は目立たなくなる。
戦国時代の曾候乙墓では上半身のみの輪郭にとどまっているのである。原始絵画の変遷で
は輪郭を明確に表現しないものが古い特徴があるが、カロンはまさにこのような絵画表現
の転換点にエトルリア絵画に登場するモチーフである。

4．輪郭線でイメージをかたどる意味

　ところで輪郭線を絵画に残すことは、残さないことと認知上大きな隔たりがあるように思う。何らかのモチーフを表す場合、いきなり輪郭無しに描けるものではなく、ラスコーなどの旧石器時代の洞窟絵画でも、鋭い線で輪郭を引いている。ただし、最終形にそれを残すか否かはそれとはまた別問題である。方相氏もそれと同じで、輪郭線で複雑な形状を表現する。両者の絵画の共通点は、漆喰や切石、粘土などを石室壁体に塗りこめて、下地をきれいに整えたカンバスをあらかじめ構成している点である。逆に言えば、カロンも方相氏も表現形式の前提として、①下地を整えたカンバス、②絵筆で輪郭線を残して表現されるという点が共通しているのである。

　この問題は、彩色壁画を施した装飾古墳の意味に大きな認識上の問題を迫っているように思う。装飾古墳の世界的な広がりを瞥見すると、エジプトをルーツとしギリシャ－マケドニア・エトルリア・トラキアに受け継がれる系列と、中国をルーツとし高句麗・契丹・モンゴルに受け継がれる系列、中米マヤで発見された例、日本とインドネシア（パセマ高原）の無下地・幾何学文優越系列の４つに分けられる。このうち前3者は下地を整えるもので、マヤ系列は Rio Azul でしか見つかっておらず、しかも王の事績を文字で記したピラミッド・テキストのようなものと考えられるから、下地を整えてモチーフの輪郭線を仕上げに残すものは、エジプト・中国をそれぞれルーツとするものに絞られる。方相氏とカロンが、冥界への先導役・番人として、特定の表現形式と結びついて古墳壁画の構成要素として登場することは、示唆的である 3）。

　逆に言えば、このようなモチーフが古墳壁画に登場する背景には、技法的な制約があったことを前提とする。したがって、方相氏が日本・古墳時代の葬送儀礼の中に取り込まれてあったとしても、装飾古墳のモチーフの中に登場しなかったのは、絵画表現がそれに追いつかなかったからだと考える。日本に方相氏信仰が入ってきても、画工たちは表現できなかったのだ－したがって、もし今後、飛鳥で高松塚古墳、キトラ古墳に続く第3の壁画古墳が発見されたとしたら、そこに方相氏が描かれていたとしても何ら不思議ではないように思われる。

5．ウィズ・コロナ社会へのレジリエンス（強靭性）

　装飾墓・装飾古墳の研究から浮かび上がってくるのは、人々が死や他界とどのように向き合ってきたか、それをどのような当時の技術によって表現してきたかの歩みである。翻って、このたびの日本での新型コロナに対する社会不安の狂騒から垣間見えるのは、現代人の他界に対する想像力の欠如である。これに乗じて、非科学的な情報がネットによって拡散するといったことは言をまたない。その意味で、現代の私たちは壁画墓に方相氏やカロンを描き遺した古代の人々をわらうことは出来ないだろう。彼らは、現代のような自然

科学的な知識や医療技術を持っていたとは言い難い。しかし、私たちが失ってしまった確固たる他界観を保持していた。ヒトが集住し、都市や文化を形作っていく中で、感染症は生存を脅かす要素として常に付きまとっていたことは、言うまでもない。新型コロナウイルスが、これから人類と共存していかねばならないとするならば、私たちに必要なのは死や他界に対するレジリエンス（強靭性）もその一つなのではなかろうか。医療とは縁遠い、考古学や歴史学が寄与できる領域は、そのような歴史が教えてくれる、危機の時代の指針を示すことなのかもしれない。

注

注1 　考古学では、観念世界の問題を資料から扱うことについて、意識的に避けてきた。ところが、そのために、ある考古資料の用途を祭祀的と一括りにしたあと、そこで思考停止に陥ってしまう弊害が生じている。もちろん、考古資料を遺した人物と共感することは難しいだろうが、考古資料から観念世界に迫るための方法論の開拓は止めるべきではない。

注2 　2018年にユネスコ無形文化遺産に登録された、「来訪神：仮面・仮装の神々」も、異形のイメージを意識的に作り出している。異形の存在が神としてあがめられるのは、日本に限ったことではない。

注3 　ここで論じた内容は、河野（2021）でさらに詳細に論じている。

参考文献

【1】 アンドレ　ルロワ・グーラン、荒木亨訳（1973）『身ぶりと言葉』新潮社

【2】 河野一隆（2021）『王墓と装飾墓の比較考古学』同成社

【3】 クロード　レヴィ・ストロース、荒川幾男訳（1972）『構造人類学』みすず書房

【4】 小林青樹（2017）『倭人の祭祀考古学』新泉社

【5】 ジェネビーブ　ボン・ペッツィンガー、櫻井祐子訳（2016）『最古の文字なのか　氷河期の洞窟に残された32の記号の謎を解く』文芸春秋

【6】 張光直、小南一郎・間瀬収芳訳（1989）『中国青銅時代』平凡社

【7】 藤田三郎（1982）「弥生時代の記号文」『考古学と古代史』同志社大学考古学シリーズⅠ　同志社大学考古学シリーズ刊行会マッシモ・パロッティーノ、青柳正規訳（1985）『エトルリアの壁画』岩波書店

自然・生物・人類の存在を考えるスケールが必要
（新型コロナの人間への攻勢をみて必要な視点・論点）

河野　摩耶・西野　義則

1. 視点：宇宙誕生から地球・人間の誕生と微生物の存在

　地球温暖化防止のカーボンニュートラル 2050 対策に太陽光発電の適用を拡大するため、大型商業施設・農業・工場など土地の複合利用でメガソーラ発電を可能にする研究を行った。ここでは、既存の建築物の外に軽量で高強度の FRP 管を採用した大型のアーチ型ソーラパネル敷設ドームの適用による予想成果について報告する。約 200 億年前に宇宙誕生、約 46 億年前に地球誕生、わずか 4 万年前に地球にホモサピエンスへと進化した人類、生物誕生と同時に微生物ウイルスも誕生。水中では魚類、地上では猛獣も、植物も絶滅することなく生命の継承がなされ、現在の地球生命体を構成、互いに進化して他の天体惑星の生物と交わることなく自然界で生存している。

　すなわち、地球の生物誕生から巨大な恐竜が鳥に進化、ネズミ類のご先祖様が現在の人間であるとのことであるが、種別に変化があるが、存在の絶滅はない。いわゆる必要な生存環境にて適応した進化が存在を継承している。これは、人間に帰属する新型コロナウイルスも人間とともに進化して絶滅せず、ともに存在してきたのには、必ず自然界の存在の法則があると考えられる。それはダーウィンの進化論に代表される進化はするが絶滅はしないとの考えに起因する。さらに、自然界には宇宙誕生から絶妙なバランスと進化による存在論が見受けられ、例えば地球では炭素循環自然界法則など約 10 万年単位の循環の法則や大宇宙では時間軸が少なくとも 100 万倍以上の循環サイクルで爆発・収縮の仮想法則など、それらが想像できる。地球生物では人類が作り出した文化の物理学、自然科学の法則などで存在とエネルギーと時間が判明。これらの法則にはアインシュタインの相対性理論や釈迦の仏典須弥山などの神仏による法則説もあり、現在の物理学に発展した。人類は、未知の現象が発見される数だけ、未知の法則が現れると言われる多彩な文化を誕生させた。

　新型コロナには近代情報社会論理が存在しないが、環境の変化に対応する進化、が存在して必要な存在の役割を担って生物群が絶妙なバランスで存在する。この進化が人類の持つ文化と生存の論点では同じである。生物は有限社会の継承から成り立っている。はじめがあれば必ず終わり（継承）があり、その繰り返しが存在の継承で自然界が成り立っている。すなわち、自然界では絶望と呼ぶ悲観的世界はなく、すべて適した変移が繁栄の継承をする世界、それは進化の世界の伝承であるといえる。普遍性を追求する学問・文化も基本的にはこの論理展開である。ここで、動植物の世界で絶滅危ぐ種との表現があるが、これは正しくは進化説の証明を意味し、すべてが自然界の法則でグローバルな表現では進化継承といえる。すなわち、コロナウイルスも人間とともに進化して、種族を継承している。

すなわち、人間がなくなり、コロナウイルスのみが種族継承する存在の論理はありえない。

2．論点：　ウイルス・微生物は自然界には必要

　視点を人間から自然の継承に移して思考すると、人間がこの自然界の継承に必要とされる順位が新型コロナウイルスに比べて、どうなるのか？　これを論じる場合は、現在の地球環境（光と水と炭素、窒素、リン、カルシュームなど）の継承と他の時間軸ではどうなるのかを考える。答えは宇宙時間のグローバル時間スケール思考では、進化とは存在の継承に過ぎないといえる。生物・有機・無機物とエネルギー、存在は基本構成物質の構成変化に過ぎず、物質は存在し、ウイルス・微生物は存在すると同時に、存在の働きもするための自然界の有用物質である。その理由は、微生物などの主たる役割は、生物の生命サイクルの有機物などの生命終了後の構成成分の分解、再生に必要な養分に戻す役割を担う。食品では発酵がその代表役割で、分子構成物質の解体、再構築のための、いわゆるスクラップ処理作業を行う役割を持つ。多くの微生物、ウイルスなどの自然界の役割分担であり、大宇宙法則を構築している。

　コロナウイルスの大宇宙から見た役割の仮説は、地球自然環境維持に不必要な、人間個体数の削除機能を担っているかもしれない。この役割はグローバルな人類社会にとって有用かもしれないが、末端の個別個体間では不幸せな自然界の法則と映る。すなわち、自然界に存在する生物、有機・無機物質、生命、エネルギーは、自然界にとってすべて有用であり、それぞれ必要な役割分担を担っている。

3．歴史：自然法則の仮説と人類の人口推移

　ここで、時間軸を基本にすれば自然界の法則と呼ばれる収束と拡散循環が大宇宙法則と呼ばれ、200億年前に宇宙が爆発して、現在は拡散中との仮説が一般的に信じられている。すなわち、自然界は変貌する毎に収束、変革後に新たな拡散が発生するとの仮説もある。1億年以前の恐竜時代から1万年前に人間の文化が誕生して石器時代から現在に至るが、動植物、微生物の生存構造は変わっていない。

　図1は、過去数千年前からの地球人口の推移を調べた図である。注目するのは、年間人口増加率が、2000年をピークに増減する見込みであること。これは、地球の人口が飽和状態となることを示すのか、新たな変化の前兆なのかが注目点である。自然界では常に右上がりの論理構成はなく、必ず、変貌または繰り返し循環の法則となることが予想される。

　有史の過去では、太陽光と地殻変動と植物の発育による炭素循環（氷河期の到来循環）を数多く経験して、地球生命体が繰り返し変貌を遂げた事実、一方で、有史の過去の人口推移が大きく変動した原因は、戦争と戦後の復興で食料不足、疫病などにより過半数もの生命体が短期間で死滅、復活を繰り返した歴史事実があることが知られている。また、細

河野　摩耶・西野　義則

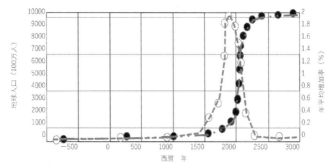

1800年以前は、UN, *The Determinants and Consequences of Population Trends*, Vol.1, 1973による。
1950年以降は、UN, *World Population Prospects: The 2004 Revision*（中位推計）による。

図1　地球人口(●)と年平均増加率（○）

菌の爆発的な増加による感染で人口推移が数十％も減少した経験もある。

　　今回の人間に依存するコロナウイルスは、ある意味で過去の歴史経験から人間と共存関係に存在する。すなわち、この原点が維持されることは、存在の原理から間違いがないと論じられる。しかし、人間の増加率の変化、地球上の人間の飽和状態が解消される法則は、氷河期説やウイルス説があるが、人間が生み出した文化説も考えられる。文化説の根拠は、地球環境の人間の文化による環境循環の加速とみれば、氷河期を誘発して人間生存数を抑制しているとのグローバルの見方もできる。

4．進化：生物の絶滅とは進化の始まり

　　国土の狭い日本における既存の施設に必要なメガワット電力が、上部空間に大型アーチ型ドーム（図2）による最大面積の複合屋根を構築することで、得られることをすでに明らかにした[1]。

　　これは、土地の複合利用によるソーラ発電が、可能であることを示すと同時に、駐車場などの空間活用と敷地全体の空間活用提案が有効であることを示す。この複合利用による可能発電量は、商業施設のコンビニや大型スーパなどに必要な消費電力に匹敵する発電が、商業施設に備えられる必要な駐車場空間利用で賄えることも明らかにした。さらに設営コストは、電力会社からの従前購入費用以内で、すべての設備建設も可能であることを示した。

　　さらに、設営工事は、FRP支柱が軽量であるため、既存の建築物上部に設営することも容易であり、全面ソーラパネル敷設以外に、採光部としてアクリル透明板と組み合わせて設営することもできる。

52

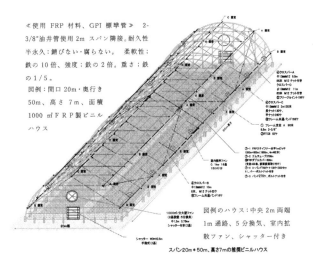

《使用 FRP 材料、GPI 標準管》 2-
3/8"油井管使用 2m スパン隣接。耐久性
半永久；錆びない・腐らない。 柔軟性；
鉄の 10 倍、強度；鉄の 2 倍。重さ；鉄
の 1／5。
図例：間口 20m・奥行き
50m、高さ 7m、面積
1000 ㎡FRP製ビニル
ハウス

図例のハウス：中央 2m 両端
1m 通路、5 分換気、室内拡
散ファン、シャッター付き

図2　開発するビニルハウスの仕様

5．グローバルな思考が必要

　今昔文明の法則では、コロナウイルスの出現でもウイルスに対応して、人類は立ち止まることなく、さらに文明人の自らの創造力を発展させ、生物界の生存進化論に影響するまで進化を推進するとは考えられない。これは同様に化石エネルギーを利用し自然界にはない文明を作り出した人類、自然界を征服したかの錯覚を覚えさせるが。同様にこれらは氷河期の循環に及ぼす自然界の法則の一つとも見れる。生物界で唯一人類が運用できる文明は、地球自然環境の破壊にまで影響を与えることはない。しかし、10 万年周期の氷河期を人類誕生 4 万年の文化が、炭素循環の氷河期を加速させる効果があることは大いに考えられる。スエーデン人のグレタさんが、化石燃料利用文化は、気候変動をもたらして、人類の繁栄に悪影響だとの論説を強く主張する論理には同感するが、これが氷河期の到来を早めるとの論理があることにまで、グローバル発想論理に発展していない。著者の河野は歴史研究者で西野は複合材料研究者であることから、ともに物的時間変化の軸で思考した結果を述べてきた。

　ここで、これらの大宇宙時間軸と地球誕生時間軸と人類誕生時間軸で生物個体の進化を論じるなら、現在の科学的論理はあまりに時間軸ではフラッシュにすぎない適用範囲での論議であることを告げたいために、述べてきた。

　すなわち、あってはならない環境の急速な変化、これには人類の生み出した文明が起因することが最近のグローバルな情報からも脅威が感じられる。しかし、文明の基軸がことなる現在文化的思考では、その共有危機感が出ないのも事実である。

5．1　権力・権威に惑わされることなく自然の探求

　ここで、環境破壊となる自然界の法則に人類が影響を与える文明が存在することを知った今、明治の学問塾、吉田松陰先生が国を導く人材を、田舎の個人塾で作り上げたことにあやかって、スエーデンの若者（グレタさん）が自然界の法則を破壊する文明は、人類の未来への継承を破壊するとの強い摂理を訴えて、地球が異なる惑星と衝突して消滅する出来事と同様な、人間が活動する文明が自然を破壊することで、人間の生存をなくすことにつながるとの新説を唱えるまでに発展した。

　このホットな論議にグローバルな思考が今、必要な時ではなかろうか。これらの主張がコロナの出現で足踏みさせられた今こそ、人類の文明の進めるべき道を、先人が成し遂げた（松陰塾の門下生が日本を変えた）、この歴史事実に学んで、自然環境問題を権力・権威に影響されることなく、真の自然の探求を、大宇宙時間軸、地球誕生時間軸、人類誕生時間軸のグローバルな視点に立つ、新しい自然科学的な立場に立った文化推進を提唱する。

5．2　地球生物で人類の責任、文明と自然環境の調和

　文明を持つ人類は、自然環境を変化させた原因が人類による生存活動であることから、その是正する環境変化をも人類が作り出すことも工学的には可能である。今、2050 カーボンニュートラルを国策・目標とする社会活動は、エネルギーの化石燃料依存度軽減策を推奨しているが、グローバルな思考では海洋循環気候の創設による砂漠緑化や海洋水生植物の育成による大気中のカーボン回収、直接大気冷却には海底冷水の表層水循環など気候変動を管理する科学的選択手段をすでに持つ人類文化は、地球での繁栄飽和の自然法則を適用するのか、人類の文明で制御するのか、にまで論議が及ぶことになる。すなわち、現在社会では"神"が存在をなくし、人間の文明が自然界（地球）生物を制御するまでに至る勢いである。この文明科学は、神の領域をもなくすところまで至る。果たして、文明が立ち入っても構わない領域があるのか、あるは、制限があるべきか、・・・議論の時期が来たような気がして、この種のロマンある論説を記載した。

　微力ながら、グローバル都市経営学会の会員として、GUBS 学会が、生物界で唯一創生できる人類の文明、社会経済の効率・進化ロマンあふれる論理探求の学問、文化の進化論のグローバル都市経営学の異なる一つの経済活動の視点として、ロマンあふれる論理展開につながれば幸いと思う。

　会員は日ごろ、家族の幸福のため、会社経営のため、社会発展のため、それぞれが役割をもって常に、よりよい家庭、社会を目指して経済運営を行っている。しかし、時には、ここで述べるフラッシュ時間の文明のそのまたフラッシュの活動であることを認識して、グローバルな思考とその必要性も感じてくだされば幸いである。

参考文献

【1】岩谷武烈、辰巳泰我、田村進一、西野義則、"スーパマーケットのメガソーラ発電提案：（2050 提言）土地の複合利用でメガソーラ発電を可能に"、*GPI Journal*, Vol.7, no.2, pp.110-113, 2021.

　　https://www.jstage.jst.go.jp/article/gpijournal/7/2/7_110/_pdf/-char/ja

スーパーマーケットのメガソーラ発電提案
（2050提言：土地の複合利用でメガソーラ発電を可能にする研究）

岩谷　武烈

1. はじめに

　地球温暖化防止のカーボンニュートラル2050対策に太陽光発電の適用を拡大するため、大型商業施設・農業・工場など土地の複合利用でメガソーラ発電を可能する研究を行った。ここでは、既存の建築物の外に軽量で高強度の FRP 管を採用した大型のアーチ型ソーラパネル敷設ドームの適用による予想成果について報告する。

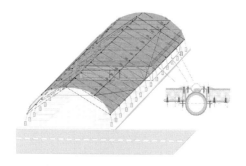

図1： Convenience store mega-solar power generation

2. 土地複合利用を可能にするソーラハウス

2. 1　コンビニのメガソーラ

　図1は、駐車場を有する数万店舗が営業するコンビニ店に適用した場合の予想鳥瞰図である。GPI標準の長さ9.5m油井管3本を接続して、間口20mのアーチ型ドームで駐車場とコンビニ店舗をソーラパネルを必要面積覆い、自家発電により営業電力が得られることを示す事例を示す。基本構造は床面に使用される 2-3/8 インチ GPI 管支柱を固定するための5インチケーシング管を埋設、内部に支柱管を入れてアーチ型フレームを形成して固定、支柱間の連結する3種類のターンバックルねじ付金属棒により、アーチ構造の大型ドームを形成して、必要量のソーラパネルを図中に示す取り付け FRP 部材により固定することで、土地の複合利用による必要電力が得られることを示す。アーチ支柱間口は 2-3/8" 管では約 15～25m、支柱ピッチ約 2m で、ソーラパネル長さ約 2m、幅約 1m の出力約 350

図 2　Mega solar power generation for big super market

w/枚に適用する。許容強度は風速 50m/s、積雪 1m で、組み立ては電動インパクトレンチのタッピングねじにより、配線収納ダクト内配線、屋内照明など取り付け可能で施工できる。

　なお、標準的なコンビニの設営面積は、駐車場約 12 台対面駐車と約 200〜300 ㎡店舗の敷地約 1000 ㎡。発電能力は最大約 800kwh で、ほぼ必要消費電力が賄える。

２．２　大型スーパーマーケットのメガソーラ

　図 2 は、大型店舗のメガソーラ適用事例を示す。大型スーパーマーケットは、4,000〜6,000kwh/日の必要電力を消費する一方、平面駐車場が 500〜1,000 台（10,000〜20,000 ㎡）の広大な面積を持つ。仮に 5,000kwh/日消費の発電を可能にするソーラパネル数は、350w/（2 ㎡/枚）で約 4〜5 時間/日稼働とすれば約 1.5kwh/枚/日で約 3,333 枚、必要敷設面積が約 7,000 ㎡と計算される。すなわち、広大な駐車場を利用すれば可能である。なお、必要蓄電池は雨天を考慮して 48 時間分と仮定すれば、1 万 kwh のバッテリーと 500kw のインバータの設営で済む。一方、安全のために電力会社の夜間電力など不足分を充当契約などすれば計画が成り立つ。

２．３　農地・産業施設のメガソーラ

　図 3 は、水耕栽培設備（農地）や産業施設（倉庫・工場）に適用するメガソーラ敷設事

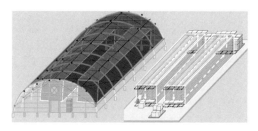

図 3　Solar power generation for agricultural land / industrial relocation

例を示す。ドーム最小高さは 7m、間口最小が 14m である。最大は同 15m・30m が適用する。ドーム内に必要な農業施設や産業施設を収納、その稼働のための自家発電をソーラで得ることを目的にしたドーム構築のメガソーラ適用事例である。

　ここでは、設営コストと発電量のコストパーホーマンスについて、仮に事例を 1 万 kwh と仮定した設置コストについて試算研究成果を記載する。

≪電設工事費≫：ソーラ電源装置で最もコストがかかるのが蓄電池である。実証研究で得た成果は、再生バッテリーによる蓄電設備の構築が最も低コストであった。必要バッテリーは kwh 当たり 25 kg の蓄電池採用では 1 万 kw に対して 25,000kg の設置が必要。費用は市場価格から素材費が約@60 円/kg、すなわち化学的再生法を適用すれば約 1,500 万円で設営できる。再生蓄電池は機能停止後には元のスクラップ売却が可能であるが、仮にメンテナンス費用に充てると仮定して 1000 回耐久と仮定すれば、償却費は 1.5 円/kwh コストとなる。
≪設置工事費≫：　1 万 kw/日(10 メガワット)の発電に必要なハウス面積は約 12000 ㎡。アーチ型ＦＲＰ構築物（約 6000 万円）に発電パネルを設営、電力配線工事、蓄電池設置工事、入力制御・出力制御盤の設置工事（詳細割愛、約 7500 万円）と仮定すれば、想定建設費用は@1.35 億円/10000kwh/日と見積れる。すなわち 2200 日（6 年）償却では電力換算のコストが約 6 円/kwh と計算される。

　以上から、メガワットクラスのＦＲＰ支柱管を採用したアーチ型大型ソーラハウスは、100％ソーラパネル装着では、6 年償却では約 6 円/ｋｗｈのコストで償却できる超安価で、仮に 50％パネル敷設の採光 50％でも約 10 円/kwh で建設できる試算がえられることが明らかになった。

3．油井管利用の大型アーチ構造

　アーチ型ソーラハウスを可能にする FRP 管のドーム構造は、図 4 に示す部材から組み立てられる。

　アーチ構造の基本は、FRP 管の柔軟性（許容伸び 1％）の特徴を利用した、4 種の引っ張り棒（クロスバー）による曲がり梁形状と基準支柱スパンを形成することで、アーチ型構造の大型ドームが作られる。なお、支柱 FRP 管は無加工で使用される。そのため、使用される FRP 管以外の必要部材は、図に示す⑱フレーム共通バンドにより支柱管の直交する支点機能を作る。ここで、使用されるボルトナットは共通ですべて M12 を用いる。平行する支点は⑳フレームバンドフリージョイントを用いることで、⑲の 7 種の部材で、必要な FRP 管支柱の構造を構築する。ここで、適用管種は上記に示すアーチ管 2-3/8"、2-7/8"、3-1/2"の 3 種で、間口（スパン）の大きさにより管種が選択される。さらに、必要

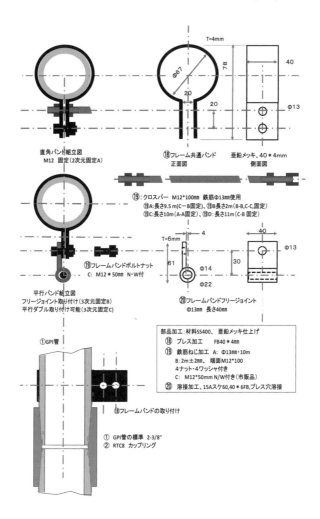

図 4： Structural material for arched structure with GPI pipe

構造構築部材の種類は 7 種類で、適用管種により⑱フレーム共通バンドが異なる。間口の変更により⑲クロスバーの長さ 3 種も変更される。

　ここで、図 1 の図中に示すソーラパネル取り付け FRP 部材も、管種により大きさが異なる。

岩谷　武烈

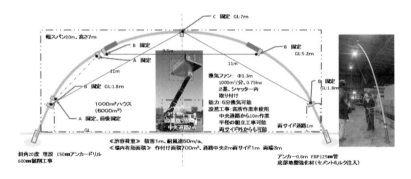

図 5 ： Arched solar house construction work using GPI pipe

アーチ管	管径	管長 9.5m(kg)	スパン	つなぎ本	高さ	連結高さ	埋設深さ	許容荷重
2-3/8"	66*54 ㎜	約 20 kg	〜20 m	3 本	〜8 m	1 m	0.6 m	風速 50m/ s
2-7/8"	77*63 ㎜	約 30 kg	〜20 m	3 本	〜8 m	1 m	0.6 m	積雪 100 cm
3-1/2"	92*74 ㎜	約 40 kg	〜27 m	3 本	〜10 m	1 m	0.6 m	融雪散水機標準付き

図 6 ： Dimension of GPI pipe for the construction of arched solar house

4．土地の複合利用でメガソーラ発電可能

　国土の狭い日本における既存の施設に必要な電力を、上部空間に大型アーチ型ドームを最大面積の複合屋根を構築することで、メガワット電力が得られることを明らかにした。

　これは、土地の複合利用によるソーラ発電が、可能であることを示すと同時に、駐車場などの空間活用と敷地全体の空間活用提案が有効であることを示す。この複合利用による可能発電量は、商業施設のコンビニや大型スーパなどに必要な消費電力に匹敵する発電が、商業施設に備えられる必要な駐車場空間利用で賄えることも明らかにした。さらに設営コストは、電力会社からの従前購入費用以内で、すべての設備建設も可能であることを示した。

　さらに、図 5 に示す、設営工事は、FRP 支柱が軽量であるため、既存の建築物上部に設営することも容易であり、全面ソーラパネル敷設以外に、採光部としてアクリル透明板を設けて、必要量のみ敷設設営することもできる。

5．結論

　2050 カーボンニュートラルの国家目標に貢献すべく、FRP 油井管を熟知する研究者として、環境にやさしく、使用電気料金の償却可能資金で、商業施設など駐車場を有する事業所が活動するに必要な消費電力をすべてソーラ発電により可能とする基礎的研究を行っ

た結果、コンビニ店舗や大型スーパ店舗など高エネルギー消費の商業施設は、運営目的から広大な駐車場を有している。この所有地を複合利用することで、2050 目標の消費電力のソーラ発電によるクリーンエネルギーへの移管が可能であることを突き止めた。さらに、必要設置面積、費用も軽くて強い GPI 油井管を支柱にしたアーチ型大型ドーム構造を採用することで、今まで必要であった売電購入が不要となり、経費節減も可能になることを立証した。

　これらの基礎研究成果は、山岳地帯や海面・湖面への応用、現在の建物の屋根など太陽光が降り注ぐ受光可能な面は、エネルギー資源との評価が必要となることを発見した。

　本研究成果は 2050 国家目標の何かの参考になれば、幸いである。

注

1 ）GPI 標準：

　　http://www.gpi-pipe.org/

　　https://www.jstage.jst.go.jp/browse/gpijournal/-char/ja

参考文献

【1】岩谷武烈ら、「FRP アーチ型大型ビニルハウスの研究開発」、*GPI Journal*, Vol.7, No.2, pp.69-74, 2021.

　　https://www.jstage.jst.go.jp/article/gpijournal/7/2/7_69/_pdf/-char/ja

【2】岩谷武烈ら、「アーチ型 FRP ビニルハウスの性能確認試験」、*GPI Journal*, Vol.7, No.2, pp.92-95, 2021.

　　https://www.jstage.jst.go.jp/article/gpijournal/7/2/7_92/_pdf/-char/ja

【3】早野行治ら、「GPI 標準管を用いた大型ビニルハウスの研究」、第 1 回 GUBS 学会全国大会、20-4, 2020.11.29

　　http://www.nbl-technovator.jp/NBL_Tech/paper/ArchHouse2020.pdf

【4】田畑朋広ら、「GPI 標準 FRP 管を用いたアーチ型ソーラハウスの研究」、第 1 回 GUBS 学会全国大会、20-5, 2020.11.29

　　http://www.nbl-technovator.jp/NBL_Tech/paper/ArchHouseSolar2020.pdf

改良型 FRP 油井管用 GPI 標準簡易耐食性劣化試験法の限界

辰巳　泰我

1．緒言

　再生油田（EOR）などをはじめ、原油増産を目的とした高深度高腐食井の開発が増してきているため、油井管に対しても耐食性が要求されている[1]。近年の CO_2 ガス削減推進の観点から、EOR は回収 CO_2 ガスの主用途のひとつとなっている[2]。しかしながら、石油や天然ガス採掘時、しばしば腐食性ガスの硫化水素（H_2S）を含む酸性化した厳しい環境となる。鋼管は酸性環境下では硫化物応力割れと呼ばれる、腐食に起因した脆化が発生する。

　現状では危険な H_2S や CO_2 ガスを用いた pH3〜4 程度の耐酸劣化試験を行うに必要な、クロム鋼の圧力容器（オートクレーブ）内での湿式・乾式耐食クリープ劣化による API 耐食試験標準で評価しているが[3]、通常油井管の性能確認に 1000 時間、特別な試験機を用いての評価・確認は、採掘現場を有する国・地域のなかには不可能なところも存在するため、簡便かつ安全な試験法の開発が急務である。

　API（アメリカ石油協会）規格[4]にも pH2 相当に耐える鋼管は存在するが、非常に高価である[5,6]。図1の応力腐食劣化試験にみられるように、油田環境の H_2S ガス数気圧/CO_2 ガス数気圧ガスの 95℃環境下において、一般的な API 鋼管は約 1000 時間で許容応力が半減した。これに対して、FRP 材はほとんど劣化がみられず優れていた[7]。

　前報[8]で筆者らは、FRP（強化プラスチック）用樹脂の耐酸性について、NACE（全米腐食技術者協会）の資料「炭素鋼および低合金鋼の硫化物応力割れに関する環境の厳しさの程度（図6）」の領域3「厳しい酸条件」に相当する pH2.5[4]より強い pH2 レベルの強

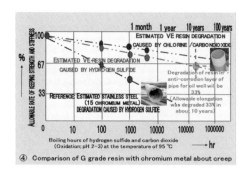

図1　95℃加熱下 FRP 管と API 鋼管の腐食劣化試験（浸漬時間-強度）[7]

酸性条件で、主に酢酸を用いて重量変化により評価していた。

　しかしながら、2018 年 1 月にウエザリング技術の専門家であるスガウェザリング技術振興財団から、耐酸性試験に使用した電気ポットそのものの酢酸への耐酸性について、メーカー保証に関する指摘を受けた。

筆者らは前報[7]で、5%酢酸の代替候補を探すべく、同じ pH レベルの酸性度を濃度 1 %において示し、かつ臭いもほとんど出さず、おまけに電気ポットの洗浄にも用いられているクエン酸を用いて、ビニルエステル樹脂について電気ポットを用いた FRP 用樹脂の加速度試験を行っている。本報ではこれをエポキシ樹脂に適用した。

２．実験 [8]

　前報[8]に従い、50 mm 四方、厚さ 4 mm 程度のエポキシ樹脂（Nan-ya NPEL-127H）テストピースを製作した後、電子天秤で浸漬前重量を 10mg 単位まで計測した。次に、500 ml ビーカーの底にテストピースを置き、1 %クエン酸（ポットの満水量 3 L に対してクエン酸 30g:象印・タイガーとも）をテストピースが完全に浸漬する程度（50 ml 以上）まで加えた。ビーカーの口をラップで完全に覆った後、予め水を 400 ml 程度入れて 95℃に加熱しておいた電気ポットの中に入れてフタをした。およそ 24 時間後、テストピースをクエン酸溶液から取り出し、水滴をキムワイプ等で拭って、十分乾燥させたのち（約 1 時間後）、重量を測定した。同様にして 100 時間後の重量を測定した。重量変化率（下式）及び外観変化から耐酸性を評価した。

$$M = \frac{M_2 - M_1}{M_1} \times 100$$

M：質量変化率(%)

M_1：試験片の試験前の質量(g)

M_2：試験片の試験後の質量(g)

電気ポット内部に、樹脂と試験液を入れてラップしたビーカーを投入し 95℃に加熱

図 2　GPI 標準簡易耐食性劣化試験法

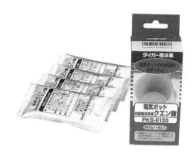 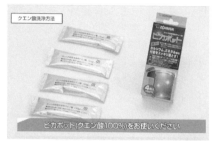

図3（左）タイガー魔法瓶 内容器洗浄用クエン酸（註1）　　（右）象印マホービン ピカポット（註2）

3．結果と考察

　電気ポットについては、一般的にはクエン酸洗浄により、お湯に含まれるミネラル分等の洗浄が行われており、各社で洗浄用クエン酸が販売されている。例を図3に示す。

　洗浄用クエン酸を、3 Lの水に30g加えた場合のpHは2.1（タイガー魔法瓶洗浄用クエン酸）ないし2.2（象印ピカポット）であり(いずれも実測値)、5%酢酸の場合のpH2.3と酸性度のうえでは大差なかった。

　それぞれについて同じエポキシ樹脂を用いて耐酸性試験を実施したところ、重量変化率は5%酢酸のほうが、同程度のpHを示す1%クエン酸と比較してかなり大きくなった（図4）。

　過去の耐酸性データ（註3）から、5%酢酸に対してはエポキシ塗料が3時間以内にダメージを受けたのに対して、10%クエン酸(pH1.4)に対してはエポキシ塗料が同じ程度のダメージを受けるのに1か月程度を要したことが示されており、本結果の傾向と一致する。

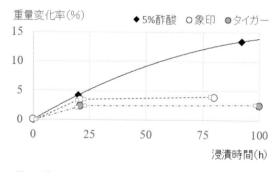

図4　酸浸漬時の樹脂の重量変化率（各3検体の平均値）

４．結論

　本報告においては、（註３）等で報告されている通り、エポキシ樹脂がクエン酸に対してはいくばくかの耐酸性を示すものの、酢酸に対する耐性がないことが如実に表れた。

　前報[7]のようにビニルエステル樹脂に対して本系は適用できる可能性があるが、少なくともエポキシ樹脂の評価については、酢酸は適さないことが分かった。一方で、クエン酸はある程度の評価に用い得る可能性があるものの、他の種類の酸性溶液についても同じ系の実験を行って知見を増やしたい。

注

注１　　https://www.tiger.jp/product/waterheater/PKS-0120.html

注２　　https://www.zojirushi.co.jp/cm/player/cvga_kuensan

注３　　https://www.flowcrete.eu/media/20756/chemical-resistance-_06122021.pdf

参考文献

【1】「知っておきたい基礎知識第 33 回『EOR 技術』」、JX ホームページ（2014）、http://www.hd.jx-group.co.jp/ir/investor/pdf/knowledge_data33.pdf

【2】平田卓也、乾正幸、島田大輔、岸本真也、辻内達也、川崎晋平、三菱重工技報 Vol.55、No.1、pp.42-47（2018）。

【3】巴保義、本田博志、砂場敏行、石油開発の腐食・防食における最近の課題、石油・天然ガスレビュー pp. 73-87（2009）。

【4】NACE MR0175/ISO 15156（2009）、Petroleum and Natural Gas Industries-Materials for Use in H2S-Containing Environment in Oil and Gas Production （Houston, TX: NACE, 2003）。

【5】Teresa E. Perez: Collosion in the Oil and Gas Industry: An Increasing Challenge for Materials、JOM Vol. 65、No. 8、pp. 1033-1042（2013）。

【6】T. Sunaba、H. Honda、T. Watanabe、Y. Tomoe: Collosion experience of 13%Cr sterl tubingand laboratory evaluation of Super 13Cr steel in sweet environments containing acetic acid and trace amounts of H2S, Collosion Paper No. 09568（2009）。

【7】辰巳泰我、米澤昭夫、西野正毅、田村進一、西野義則、"改良型 FRP 油井管用 GPI 標準簡易耐食性劣化試験"、グローバル経営学会 第 10 回シンポジウム、pp.173-176、大阪市立大学梅田サテライト ＆ 大阪工業大学 研修センター、2019.11.8-9。

【8】辰巳泰我、上村拓矢、武西加奈子、下左近峻志：FRP 油井管用 GPI 標準簡易耐食性劣化評価法、GPI Journal Vol. 1、No. 1、pp.97-100（2015）。

第 2 部　　〜都市の社会経済・経営〜

内生的成長理論における知識発見率を
マーケティング AI で高める研究

廣見　剛利

1. はじめに

　経済成長の内生理論には多くの種類がある。経済成長理論は、マクロ経済学にて定義されているが、現在では、ミクロ経済学に意識づけされるのが主流となっている。成長会計とは、GDP 成長率を、その内訳に注目して成長の要因を明らかにしようとするものである。生産に当たっての生産要素として、資本と労働を考え、コブ＝ダグラス型の生産関数を仮定すると、GDP は、

$$Y_t = A_t K_t^{\alpha} L_t^{1-\alpha} \quad\cdots\cdots\cdots\cdots\cdots\cdots\cdots\cdots\cdots\cdots\cdots (1)$$

と表すことができる。ここで、Y は GDP、A は技術水準、K は資本投入量、L は労働投入量、α は資本分配率（1-α は労働分配率）である。添え字の t は時間を表す。このモデルにおいて Robert Solow は、資本と労働力を投入すれば経済は成長していくが、その後、成長は鈍化して一定水準に落ち着くとした。これは 2008 年をピークに人口が減少し、設備投資（総固定資本形成）も 1997 年以降ほぼ OECD 平均を下回っている日本にも当てはまる。また、実際の経済成長を見てもこの 30 年間低位のままである。つまり、K と L の投入量は限界に来ており、A に当たる技術水準の向上による生産性の向上は大きな課題である。しかし、Solow はこのモデルにおいて、A の技術水準は外生的であり天からの恵みであるとしている。一方で、Paul Romer は、A はアイデアであり、アイデアゆえの非競合性を元に規模に対する収穫逓増が可能であるとし、資本や労働の投入によらない成長が可能という、内生的成長理論（Endogenous growth theory）を確立した。では、低成長だけでなく、2030 年頃には 644 万人の労働力不足に陥ると言われる日本にとって（注 1）、Romer が指し示す資本や労働などのモノとは異なるアイデア（A）とは何が考えられるだろうか。Accenture によれば（注 2）、AI を導入・利用することによって、①従来の ICT に比べてより複雑な業務が自動化し②人間ならではの創造的な業務に集中することによるイノベーションの創出等の効果が期待でき、これらの効果による 2035 年時点の粗付加価値成長率の上昇率は 1.9%（ベースシナリオ 0.8%に対して AI が浸透した場合には 2.7%）、AI による労働生産性の向上率はベースラインシナリオと比較して 2035 年時点で 34%増加としている。そこで、日本の Iot・AI の導入状況を中国や米国・欧州主要国と比較すると、日本は 7 カ国中最低となっており、その中でも、中堅・中小企業は大企業に比べて利用状況は半分以下という状況である。つまり、現在の日本は、経済成長や労働力不足を支える AI(注 3)の

活用が遅れており、中小企業においてはさらに深刻な状況であるといえる。そこで、本論文は、AI 活用における Romer モデルのアイデア（A）はどのように作られるかを実際の中小企業における営業支援 AI の活用事例をもとに、AI 導入と生産性向上の関係性を理論化し、資本や労働に制約があり、活用状況も乏しい中小企業の AI 導入における生産性向上のモデル化を目指すこととする。

2．ソローモデルとローマーモデルからの考察

　現代の成長理論の中で、新古典派成長理論のひとつとして、内生的成長理論があげられ、前者の代表的文献は、Solow(1956) と Swan(1956) である。ソロー等の新古典派成長理論の骨子としては、資本ストック K と労働 L を投入して、最終生産物 Y を生産するものとする。

$$Y_t = F(K_t, \ L_t) = K_t^{\alpha} L_t^{1-\alpha} \cdots\cdots\cdots\cdots\cdots\cdots\cdots\cdots\cdots (2)$$

（注 4）（注 5）この生産関数は、コブ＝ダグラス型生産関数で、生産は企業が資本と労働を投入しておこない、一次同次の生産関数が用いられる。規模に関して収益不変（一定）で各生産要素の限界生産性はプラスであるが、限界生産性は生産要素の投入とともに逓減する（収益低減の法則）。すべての市場が競争的であると想定され、生産物市場と生産要素市場は均衡する。

$$C_t + I_t = Y_t \cdots\cdots\cdots\cdots\cdots\cdots\cdots\cdots\cdots\cdots\cdots\cdots (3)$$

　C_t は生産物の量で、I_t は将来のための投資として使われる量である。よって、既存の資本ストックと労働は完全に利用され、家計の貯蓄はすべて企業の投資資金として利用されると考える。（(3)式は資源制約を表す（注 6）。）将来のために投資にまわされた I_t は、資本蓄積を決定し、

$$K_{t+1} = K_t + I_t - \bar{d} K_t \cdots\cdots\cdots\cdots\cdots\cdots\cdots\cdots\cdots\cdots (4)$$

　この関係は(4)式のように表される（$\bar{d}$ は資本減耗率）。
　(4)式を資本ストック量の変化と書きかえると

$$\dot{K} = I_t - \bar{d} K_t \cdots\cdots\cdots\cdots\cdots\cdots\cdots\cdots\cdots\cdots\cdots (5)$$

　ここでは、資本ストック量の変化は、新規投入量I_tから既存資本ストックの減耗量$\bar{d}K_t$を差し引いたものに等しいことを表している。なお、$\dot{K}$ は K の時間変化率(dK/dt)を表している。また、生産物のうち投資にまわされる割合、貯蓄率を$\bar{s}$とすると、次式のようになる。

$$I_t = \bar{s}Y_t \cdots\cdots\cdots\cdots\cdots\cdots\cdots\cdots\cdots\cdots\cdots\cdots (6)$$

　貯蓄率と資本減耗率は正の定数である。また、単純化のため、以下では人口増加率はゼロとし、労働投入は一定であるものとする。そのようなモデルは資本ストックに関する 1 つの成長方程式で表され、既存の資本ストックの水準が資本ストックの増加分を決定する。モデルの初期時点を$\overline{K_0}$とすると(注7)、資本ストックが少なく貯蓄(投資)が資本減耗を上回り、資本ストックが増加したとしても収益低減のため、貯蓄(投資)の水準に追いつく。この時点で、資本ストックの増加は止み、資本ストック水準は固定し、定常状態となる。一定の労働投入$\bar{L}$(注8)のもとで資本ストックが定常状態水準で固定すれば産出水準も一定となり、産出の成長が止まる。また、定常状態への移行過程では、経済が定常状態に近づくにつれ、その資本ストック及び産出の成長率は徐々に小さくなりゼロに接近する。(注9)このように Solow 等の新古典派成長理論においては、技術進歩がなければ長期的に実質GDP あるいは一人当たり実質 GDP は成長せず、一定となる。そこで、彼らのモデルで長期的な成長を説明する場合、外生的なハロッド中立的な技術進歩が導入されることになる。すると、実質 GDP あるいは一人当たり実質 GDP は、ある与えられた外生的な技術進歩で成長を遂げることになる。資本ストックも産出の成長と同様に所与の技術進歩率で長期的に成長し、この場合の定常状態は均斉成長経路を意味する。(2)(3)(5)式から、Solow 等の新古典派成長理論で現在の日本経済を概観すると、2008 年から人口が減少に転じ、労働投入である就業者の増加も期待ができない(注10)。また、Solow モデルにおいて成長の原動力である資本蓄積においても、労働力率の向上がなければ抑制されることが見込まれ、実際、国内投資・ICT 投資ともに 2000 年以降低位が続いており(注11)、こちらも今後の上昇は期待できない。また、生産関数の特徴から、資本の限界生産物逓減の法則にもとづき、資本蓄積だけでは長期にわたる持続的な成長が維持できない。資本ストックが新しく追加されるごとに、生産、そして投資は増加するが、その増加幅だんだんゆるやかなものとなる、ついには、生み出される投資の増加分は、資本減耗をちょうど相殺するだけになってしまう。新規投資と資本減耗がちょうど相殺するので、資本ストックの成長は止まり、同時に所得の成長も止まる。つまり、Solow モデルでは日本の成長は見込めない、言い換えると、30 年に渡り低成長の日本の状況を証明しているともいえよう。

　次に、Romer モデルを要約する。Romer モデルでは、2 つの生産要素が存在する。1 つはモノの生産に対する次のような生産関数である。

$$Y_t = A_t L_{yt} \cdots\cdots\cdots\cdots\cdots\cdots\cdots\cdots\cdots\cdots\cdots (7)$$

(7)は生産物Y_tを作りだす生産関数で、その生産は既存の知識ストックA_tと労働投入L_{yt}を使って行われる。この生産関数は物（労働投入量）について規模に関して収穫一定となっている。すなわち、生産量を2倍にしたければ、投入する労働者数を2倍にすればよい。アイデアには競合性がないので、新しく労働者を増やしても、彼らも既存のアイデアのストックを使うことができる。したがって、アイデアとモノを同時に増やすことを考えた場合には、この生産関数は、規模に関する収益逓増の特徴を持っている。

$$\dot{A} = \bar{z} A_t L_{at} \cdots\cdots\cdots\cdots\cdots\cdots\cdots\cdots\cdots\cdots\cdots (8)$$

(8)式は、新しいアイデアの生産関数を表している。A_tはt時点のアイデアのストック量で$\dot{A}$はt期間中に生み出された新しいアイデアの数である。したがって(7)は新たなアイデアは既存のアイデアA_tと、アイデア開発のために投入される労働者を使って生み出されるL_{at}ということである。(7)と(8)の違いは、(8)では、$\bar{z}$という生産性パラメーター（アイデアの発見率）が含まれているということである（注12）。このパラメーターを入れていることで、アイデアを生み出す社会の能力が向上した思考実験を行うことができる。（アイデアのストックに関する最後の仮定として、経済は時間$t=0$からスタートして、そのときのアイデアのストックの水準は$\bar{A}0$であったとする。）ここでも、アイデアには競合性がなく、多くの人によって同時に多くの異なる目的に使うことができるという特性上、同じアイデアのストックが、生産物の生産にも、新アイデアの生産にも使うことができる。これと対照的に、労働者はモノである。もしもある労働者が、その時間を自動車の製造のために使ったとしたら、同時に同じ時間を新しい水素エンジンの研究開発のために使うことはできない。このモデルでは、労働投入についてのこの競合性は、次式の資源制約によって表される。

$$L_{yt} + L_{at} = \bar{L} \cdots\cdots\cdots\cdots\cdots\cdots\cdots\cdots\cdots\cdots\cdots (9)$$

すなわち、生産物の生産に従事する労働者数と、アイデアの生産（研究開発）に従事する労働者数を合計すると総人口数$\bar{L}$（総人口数は一定のパラメーターとして扱う）になる。

$$L_{at} = \bar{\ell} \bar{L} \cdots\cdots\cdots\cdots\cdots\cdots\cdots\cdots\cdots\cdots\cdots (10)$$

(10)式は、労働力が2つの用途にどのように配分されるかを記述する式であり、$\bar{\ell}$は人口の一定割合が研究開発に従事する割合であり、1-$\bar{\ell}$はモノの生産現場で働く割合である。以上がRomerモデルの枠組みである（注13）。このモデルの解は、4つの内生変数を、モ

デルのパラメーターと時間の関数として表すことで求められる。(7)式に(9)(10)式を代入すると

$$y_t \equiv \frac{Y_t}{\bar{L}} = A_t(1-\bar{\ell}) \cdots\cdots\cdots\cdots\cdots\cdots (11)$$

この式より、人口1人当たり産出量はA_tに比例しており、言い換えると、1人当たり産出量は知識ストックの総量に依存する。したがって、A_tの増加につながるような新しいアイデアは、経済の1人当たり産出量を引き上げる。この特徴は、アイデアの非競合性という特質を反映したものである。最後に、モデルの解を完成させるためには、各時点の知識ストックA_tについて解く。(8)式で表されるアイデアの生産関数をA_tで割る。

$$\frac{\dot{A}}{A_t} = \bar{z}L_{at} = \bar{z}\bar{\ell}\bar{L} \cdots\cdots\cdots\cdots\cdots\cdots (12)$$

この式から、知識ストックの増加率（成長率）は時間を通じて一定であることがわかる。その増加率は、研究開発従事者の数L_{at}に比例し、片やそれはその経済の人口規模$\bar{L}$に比例する。増加率の大きさを決定するこのパラメーターの組み合わせを、$\bar{g}=\bar{z}\,\ell\,\bar{L}$とすると、時点0まで遡っても、知識のストックの成長率は時間を通じて一定なので、時点tの知識ストックは次のように与えられる。

$$A_t = \bar{A}0(1+\bar{g})^t \cdots\cdots\cdots\cdots\cdots\cdots (13)$$

11式と組み合わせると、ローマーモデルの解が完成する。

$$y_t = \bar{A}0(1-\ell)\,(1+\bar{g})^t \cdots\cdots\cdots\cdots\cdots (14)$$

　この解より、アイデアは非競合性のために、1人当たりGDPの大きさはアイデアのストックの総量に依存して決まる。次に、(8)式によりアイデアのストック量に関して限界生産物逓減はなく、知識ストックAのべき乗は1となっている。知識ストックの量を積み増していっても、知識ストック1単位当たりの収穫（有効性）が低下するわけではない。古いアイデアは、新しいアイデアを生み出す時の助けとなり続け、この好循環が持続的成長を維持する。一方で、(14)式からも言えるように、全ての時点での成長率は一定である。30年にわたり低成長の日本においては、人口や資本だけでなく、ローマーモデルにおけるAの蓄積も停滞しているのではないだろうか。実際、非製造業の2005年から2015年における全要素生産性（TFP）上昇率は0.02%だったこともその証左となろう（注14）。では、このように技術進歩の代理変数とみなしうるTFPが停滞しているなか企業はAIの活用をもとにどのように成長の源泉になりうるアイデアを上昇させることができるだろうか。本

論文では、企業における AI への期待値の高い、「人手不足の解消」「ホワイトカラーの生産性向上」「単純作業から高付加価値業務へのシフト」という期待（注 15）を満たす、ある中小企業の営業支援 AI の導入事例を Romer モデルにおける A の蓄積過程に当てはめ、中小企業が AI をもとにした成長モデルを描く素材となることを企図している。

3．AI 市場

AI の応用領域は非常に広範囲であり、市場予測は調査会社によって大きく異なる。富士キメラ総研は AI ビジネスの国内市場が 2018 年 5,301 億円と見込み、2030 年度に 2 兆1,200 億円になると予想する。一方、EY 総合研究所は AI 関連産業の市場規模について 2015年の 3.7 兆円から 2030 年に約 87 兆円に成長すると予想している。また、IDC Japan の予測では、2021 年の国内 AI システム市場における市場規模（エンドユーザー支出額ベース）は 2,119 億円と予測し、2,025 年には 4,909 億円と予測している。これらから、AI 市場の予測規模は調査会社によって大幅に異なるが、AI が及ぼす成長率に対する認識としては共通している。市場規模が大幅に異なる理由としては、市場をどのようなものとしてどこまでの広がりで捉えるかの違いにくわえて、AI の財としての非競合性的特徴（固定的コストを複数の消費者が、追加的な費用なしで全員同時に同量を消費できる）によるといえよう。その特徴を享受できるようになった背景として、開発基盤となる AI プラットフォームの存在があげられる（注 16）。AI プラットフォームは、AI 開発の学習データの収集・処理、アプリケーションを動作させる基盤などを提供する。つまり、AI 導入で必要なものが事前に準備されたプラットフォームのため、これまで膨大な時間がかかっていた AI 開発を企業はゼロからスタートさせる必要がない。また、データサイエンスや機械学習のような専門職が在籍していなくても、既にクラウド上やそれ以外にあるデータを利用して解析や予測などを行うことが可能であり予算や人材が限られた中小企業においても活用しやすいAI といえる。AI プラットフォームには PaaS 系の統合型 AI プラットフォームと特化型 AIプラットフォームがある。前者は、AI 開発に必要な環境をあらかじめ準備しサービスとして提供する汎用性の高いプラットフォームで、代表的なサービスとして、IBM が提供するワトソン、AWS が提供する Machine Learning、Google が提供する Auto ML、Microsoftが提供する Azure Cognitive Services、Salesforce が提供する Einstein などがある。後者は医療・小売・物流・金融・製造など特定の業界に焦点をあてた専門性の高いプラットフォームであり、小売業では ABEJA が提供する INSIGHT FOR RETAIL、製造業では、CrossCompass が提供する MANUFACIA などがある。本稿においては、統合型 AI プラットフォームであり、様々な企業規模や業種業態に関わりのある、顧客との関係性（CRM）やセールス支援（SFA）において、専門技術者がいなくても（コード記述なしで）利用できる製品として提供されている Einstein をとりあげる。また実際に既に Einstein を導入し、社内の SFA や CRM のデータから営業支援 AI として Einstein を活用している（注 17）株式

会社マーケティングデザイン（MKD 社）の事例研究をおこなう。

4．営業支援 AI とは？

　Salesforce 社の Einstein とは、「天才は複雑なことをシンプルにする」というアルバート・アインシュタインの名言にもあるように、AI が持つ複雑性を取り除き、あらゆる企業が予測分析にもとづき、よりスマートに、パーソナライズされたカスタマーエクスペリエンスを実現する AI プラットフォームサービスである（注 18）。機能としては、特定の部門を支援する標準の Einstein アプリケーション（営業支援を行う Einstein for Sales、サービス部門の支援を行う Einstein for Service、マーケティング部門の支援を行う Einstein for Marketing）と Salesforce 上のデータを用いた、標準の Einstein アプリケーションが使用事例に適さない時の予測モデルの構築や、インサイトを提供する（Einstein 予測ビルダー・Einstein Discovery）AI などで構成されている。その中でも、今回は営業支援 AI として Einstein for Sales の中の Einstein リードスコアリングと Einstein 予測ビルダーをもとに構築した既存顧客の予測モデルについて取り上げる。Einstein リードスコアリング（注 19）とは、データサイエンスと機械学習を使用して、過去に取引が開始されたリード（注 20）を分析し、取引開始の成功パターンにどの程度適合しているかの予測にもとづき、Einstein がどのリードを優先すべきかについて 1〜99 のスコアをつける AI である。また、スコアだけでなく、Salesforce の SFA/CRM/MA にある様々なデータを収集し、スコアにプラスの影響を与えている項目やマイナスの影響を与えている項目も可視化し利用者にそのインサイトを提供することができる。さらには、独自の予測モデルを作成するための十分なリード取引開始データがない場合、Einstein はグローバルモデルを使用する。グローバルモデルでは、Salesforce の多数の顧客の匿名データを使用し、リード蓄積を行い、スコア化を行うことができる。企業はこれらの機能により大きく分けて 2 つの恩恵を受ける。1 つ目は、リードに対するアプローチの効率化である。今まで 1 件の商談アポを獲得するのに、100 件のアプローチコールを行っていたのが AI のスコアリングにもとづくコールにより、20 件に 1 件のコールで商談アポを獲得できるようになるなどがあげられる。2 つ目は、スコアに対するプラスの要素やマイナスの要素が可視化されることにより、営業やマーケティング活動へのフィードバックがより正確になるということである。例えば、ある資料をダウンロードした場合に、商談獲得スコアへのプラス寄与が高いというデータが出た場合、その資料への接触回数を増やすメールマガジンを配信する。また、その資料に類似したコンテンツを作成しさらなるスコアの上昇を図るなども考えられよう。他方、Einstein 予測ビルダーとは、Salesforce 標準インターフェースで提供され、データオブジェクトの特定項目の角度を、コード記述やデータ分析の専門的な知識が無くても判定してスコアを返すカスタム AI である。例えば、商談成立予測の場合、商談に関するオブジェクトの受注または失注商談のレコードを選択し（Dataset）、予測を構築するためのサンプル

セット（Example Set）として、Dataset 内のどのレコードを使用するか指定し、それらの
レコードからパターンを特定し、他のレコードの予測が作成される。他方、Einstein で値
が予測されるレコードのセットを予測セット（Prediction Set）といい、予測セットは、
Einstein が結果を提供する区分内のすべてのレコードで構成されている。正常な予測を構
築するレコード数の最小要件は、データセットの種別毎に異なり、データセット全体とサ
ンプルセットでは 400 レコード、true および false の値では値あたり 100 となっている。
また、Einstein 予測ビルダーは、試用版も用意されているため、Salesforce 内に上記以上の
データがあれば、企業は追加コストなしに AI を使った予測を行うことができる。上記か
らも分かるように、今回取り上げた 2 つの AI は、AI 導入の際の懸念事項としてあげられ
る、投資コストや運用コストなどのコストに対する懸念や AI 専門人材の雇用に対する懸
念に悩まされることなく、データさえ揃っていれば、企業規模の大小を問わず導入しやす
い統合型 AI プラットフォームだといえる。

5．事例研究「マーケティングデザイン社（以下 MKD 社）の Einstein 導入について」

　MKD 社は、広告代理店事業・リファラルマーケティングアプリ「クチコプレミアム」の
開発、企業の DX 支援の 3 つの事業を行っている。中小企業である。顧客との関係性を高
めることにくわえて、営業支援の目的として 2006 年から Salesforce を導入している。リ
ード情報（リードの流入経路、課題や予算、役職などのリードに関わる様々な情報）や、
取引先商談情報（営業の活動履歴、次のステップ、見積もり、決定金額、受注・失注、そ
の時期などの商談に関する様々な情報）を形式知化し、共有することで営業の最適化を目
指している。2015 年からは SFA/CRM だけでなく、マーケティングオートメーション（以
下 MA）を導入し、リードや取引先担当者の各々のデータに Web サイト訪問履歴（訪問/
日/ページ/回数・滞在時間・資料ダウンロード回数・動画の視聴時間/割合）のデータを統
合させ、顧客の興味関心に寄り添った提案へとシフトしている。ただ、事業によっては、
競争環境の激化により、顧客からの直接の問い合わせは減少し、新規顧客獲得に対しては、
リードに対するテレコールに頼っていた。リード数自体は展示会や自然検索による資料請
求、広告、リスト購入により 1 万件以上のリードを保有していたが、リードへのコールに
対する商談率は、1% 未満であり、広告や購入によるリストはその半分にも満たないことも
あった。そこで、今までの勘や経験に頼った無分別なリードへのコールから脱却するため、
2018 年に Einstein リードスコアリングを導入し、AI の基準に基づいてのコールに転換し
た。具体的には、Einstein リードスコアが 80 以上のリードに絞ったリストに対してテレコ
ールを行った。結果、今まで 1% 未満であったリードの商談率が大幅に上昇し、5% を超え
るまでに上昇した。また、それは経験豊富な営業マンではなく、研修が終わった新入社員
によってであった。つまり、今までより、5 倍のスピードでさらに、育成期間も短く商談
を獲得することができるようになった。その副次的な成果として、経験豊富な営業マンが

効率の悪かった新規商談獲得にではなく、商談成約活動に専念することができるようになった。（直接的な因果関係かはわからないが、リードスコア 80 以上の商談は通常の成約率の 3 倍になっている。）このように、新規顧客獲得に対する生産性は AI の導入によって大幅に上昇する事ができた。しかし、2020 年に入り新型コロナウィルスが発生した影響で、企業のプロモーションコストが抑制され、今度は別事業の顧客の解約が増加しただけでなく、高リードスコアの顧客も減少した。つまり、既存顧客・新規顧客共に減少する事態に陥ったのである。そこで、MKD 社は Einstein 予測ビルダーを導入し、既存顧客への離脱可能性スコア（解約予測）をモデル化し活用している。そこで得られた事としては、離脱可能性スコアが 90 以上になると、確実に解約に繋がることが分かった。つまり、顧客の解約スコアが可視化され、早期に対策を行うことができるようになっている。それ以降、離脱可能性スコアが 60 になるとカスタマーサクセス部門が顧客の抱えている課題のヒアリングや、他社の成功事例などを伝え、顧客数の減少を止める活動を行っている。また、新規顧客の幹となる高スコアリードが新型コロナウィルスの影響により減少し顧客数も増えない状況が続いていた。(MKD 社がターゲットとしていたリードが情報探索のための Web サイト訪問を行わなくなったことに起因している。) そのため既存顧客への施策として、過去の商談状況やメールや電話などの活動履歴、メールマガジンやコンテンツへの興味関心などのデータをもとにアップセル/クロスセルのスコア予測についても取り組んでいる。ここでの結果としては、受注可能性スコアが 90 を超えた場合に 80%以上の確率でアップセルやクロスセルの受注につながっている。MKD 社はこのように、元々あった自社データを Salesforce が提供する AI プラットフォームで機械学習させることにより、資本や労働というモノの増加ではなく、AI 活用というアイデアによって生産性を向上させている。この AI 活用のアイデアは、非競合であるため、特定のモノのように、誰かが利用すると、他の人が利用できないということや、利用することによって本質的に減少するわけではない。例えば、新規商談獲得の場合、5 倍のアポイントを獲得するために、労働時間を 5 倍にする必要はないのである。つまり、ローマーモデルの(7)式から MKD 社は、アイデア（この場合は AI 利用）を労働者全員が同時に利用することによって、(11)式の A_t(知識のストック量)が増加し、労働者一人一人の限界生産性が逓減から逓増し、その結果 (14) 式で示されているように労働者 1 人あたりの労働生産性が高まったと考えられる。

6. AI 導入と内生的成長モデルについて

ここで、MKD 社の AI 導入の効果について、技術進歩が外生的であったソローモデルから、内生的成長が可能というローマー モデルで考えてみる。(2)式より、生産関数を修正し $\alpha = 1$ とすると

$$Y=AK \quad\cdots\cdots\cdots\cdots\cdots\cdots\cdots\cdots(15)$$

ここで A はある正の定数である。
また、(5)(6)式より、

$$\dot{K}=sY_t-\bar{d}K_t \cdots \cdots \cdots \cdots \cdots \cdots \cdots (16)$$

(15)式より、Y は K の一次関数であるから、sY_t は直線となる。全投資量を全減耗量よりも大きいと仮定し、K_0 からスタートする経済を考えると、この経済では時間が経っても、この成長は継続する。それゆえ、資本ストックは成長し続け、このモデルの成長は止まらない。(2)式において、資本蓄積には収益が逓減するという特徴すなわち $\alpha < 1$ であるから、その経済に追加される新たな資本ごとにその生産性は以前の投資に比べて低くなっていった。つまり、ソローモデルの場合は、資本の蓄積に対して、全投資量が資本減耗の水準まで低下し、(労働者 1 人あたりの)資本蓄積が終わる。しかし、ローマーモデルでは、資本の蓄積に対して「収益不変」である。資本の各単位の限界生産は常に A であり、追加資本が投入されても生産性は落ちない。(16)式の資本蓄積方程式の両辺を K で除すると

$$\frac{\dot{K}}{K}=s\frac{Y}{K} - d \cdots \cdots \cdots \cdots \cdots \cdots \cdots (17)$$

(15)式の生産関数により Y/K=A であり、

$$\frac{\dot{K}}{K}=sA - d \cdots \cdots \cdots \cdots \cdots \cdots \cdots (18)$$

生産関数の対数をとり、微分すると、算出の成長率と資本の成長率が等しい。すなわち、

$$g_y \equiv \frac{\dot{Y}}{Y} =sA-d \cdots \cdots \cdots \cdots \cdots \cdots \cdots (19)$$

となる。つまり、この経済の成長率は s の増加関数なのであり、それゆえ、この経済の投資率を増加させる政策は、この経済の成長率を恒久的に増加させる。この結論は、$\alpha < 1$ であるソローモデルの場合、sY は曲線で、定常状態は sY＝dK の時に起こる。パラメータ α は sY カーブの「曲率」を示す。つまり α が小さければカーブは急で、sY は K^* の低い値 dK で交わる。他方、α がより大きければ、定常状態 K^* は K_0 からはるかに離れた位置になる。これは定常状態への移行がより長くなることを意味している。$\alpha = 1$ の場合、移行ダイナミクスは終わらない。このようにしてこのモデルは成長を内生的に生み出す。すなわち、このモデルでは 1 人あたり成長を生み出すために、技術はもちろん、人口ですら一定の外生的割合で成長するという仮定は必要ない。

では、MKD 社の導入事例を個別企業として考えた場合、どのようにあらわされるであろうか。生産関数を（注 21）

$$Y=BK^{\alpha}L^{1-\alpha} \cdots\cdots\cdots\cdots\cdots\cdots\cdots\cdots (20)$$

と考える。この方程式は、資本と労働に関して収益不変である。B は内生的に蓄積されれば、生産は収益逓増という特徴を持つパラメータである。個別企業（MKD 社）は B の水準を所与として受け取るものと想定し、それとともに実際に、資本の蓄積はその経済の生産全体に関する新しい知識を生み出すと仮定する。具体的には(21)式と仮定する。

$$B=AK^{1-\alpha} \cdots\cdots\cdots\cdots\cdots\cdots\cdots\cdots (21)$$

(21)式において、A はある定数である。その経済の諸企業による資本の蓄積の偶発的副産物として、諸企業が生産に使用する技術が改良されることになる。今回の事例研究でいえば MKD 社がこれまで利用していた SFA/CRM/MA と Einstein という AI を統合させることによりセールス技術（商談率や顧客単価の上昇、解約率の減少）が改良されたといえよう。特に、MKD 社のような中小企業では、個別企業が資本を蓄積したとしても、その改良は経済に対して相対的に小さいため、この効果に気づかない。企業は、それが技術を改良すると知っているから資本を蓄積するのではなく、生産に有益な投入だから蓄積する。これが、技術進歩が企業にとって「外部的」であるという意味である。いいかえると、資本は、その企業の私的限界生産性 α Y/K だけの報酬を受ける。しかし、資本の蓄積はその経済の他のところに特別有益な予期せざる便益を提供するものであり、それは新しい知識をもたらす（注 22）。 (20)式と(21)式の方程式を結合すると、次の式が得られる。

$$Y=AKL^{1-\alpha} \cdots\cdots\cdots\cdots\cdots\cdots\cdots\cdots (22)$$

この経済の人口が 1 に標準化されると仮定すると、(15)式と同じ生産関数である。つまり、知識の蓄積が内生化された過程は、その経済のある他の活動、例えば資本の蓄積の偶発的副産物（外部性）、言い換えると MKD 社における AI 導入だと仮定することもできる。

7．結論

MKD 社の外部性について、知識の生産関数(8)式の方程式を書き換えてみる。

$$\dot{A}=\bar{z}A_t^{\phi}L_{at} \cdots\cdots\cdots\cdots\cdots\cdots\cdots\cdots (23)$$

ここで ϕ は、$\phi > 0$ であれば、過去に発見されたアイデアの蓄積は生産性を増加させる。$\phi < 0$ の場合は、時間の経過とともに生産性を減少させる。$\phi = 0$ の場合は、生産性と間での蓄積が無関係をあらわす定数である。MKD 社においては、長期の SFA/CRM/MA の利用期間とその間の活用の蓄積が、$\alpha > 0$ として知識の生産関数に対してはたらいたと考えられる。また、AI（Einstein）の導入により知識の発見率 $\bar{z}$ が大幅に高まったことによりローマー モデルにおける A が高まり生産性の上昇につながったといえる。MKD 社における $\bar{z}$ の要素としては、AI の導入と CRM/SFA/MA/による商談データ量と正確性が考えられ、CRM/SFA/MA/による商談データ量を D、正確性を Ac とすると、

$$\bar{z} = AI * D * Ac \cdots\cdots\cdots\cdots\cdots\cdots\cdots\cdots\cdots\cdots\cdots(24)$$

(23)式に代入すると

$$\dot{A} = AI * D * Ac * A_t^{\phi} L_{at} \cdots\cdots\cdots\cdots\cdots\cdots\cdots\cdots\cdots(25)$$

このようにあらわされ、企業における営業の生産性の向上は、AI や SFA/CRM/MA の商談データ量、その正確性、利用実績によって大幅に向上できる。商談データと利用実績については、Einstein においては、社内だけでなく、Salesforce からの情報提供により高めることができるため、実質的には AI の導入と商談データの正確性を高めることができれば、企業の大小は問わず生産性を高めることができる。言い換えれば、商談における失注、受注のデータを正確に保存することができれば多くの企業で営業 AI を利用し、MKD 社のように生産性を向上できるのではないだろうか。また、MKD 社のように、中小企業の方がステークホルダーの観点から考えると、データを正確に取得することに対する制約範囲が狭いと考えられ、正確性への取り組みは進めやすいと考えられる。つまり、資本や労働に制約のある中小企業においても、AI を導入すること、正確にデータを残すことにより大幅な生産性の向上は実現できると考えられる。最後に、その過程は図表4のようにシュミレーションできる。今まで商談1件を獲得するために、多くのにリードにコールを行なっていたが、AI が予測する高リードスコア先にコールすることにより商談1件あたりのコール数は5分の1になり、結果として生産性が大幅に上昇した。つまり、AI がもつ非競合的性質と、正確性のある商談データ量の組み合わせ、利用実績により、MKD 社の社員は等しくその恩恵を受け、社内にある高スコアリードの上限まで商談を増やすことができるであろう。

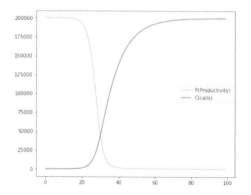

図表 1　AI 導入による生産性の向上と活用とコール数の減少［筆者作成］

8．おわりに

　日本における生産性の向上は待ったなしであり、資本と労働の上昇ではない、A の上昇が必要不可欠である。チャールズ・ジョーンズは「知識の蓄積は企業家努力が意図した結果である」と述べている。そのためには、企業は AI の活用とデータ保存の正確性を高めていく必要があろう。今回の事例研究についてのモデル化は(15)式にもあるように、資本の指数を 1 として扱った。成長会計を使った資本シェアの通常の推定値はおおよそ 1/3 と言われており、その率が 1 であることを示唆する証拠はない。また、z の構成要素である D と Ac についての影響度についても発見できておらずその解明は今後の課題である。

注

注 1　パーソル総合研究所・中央大学『労働市場の未来推計 2030』(2018)

注 2　Accenture "Why Artificial Intelligence is the Future of Growth" (2016)

注 3　AI の定義はさまざまであるが、ここでは、松尾豊氏による「人口知能(artificial intelligence;AI)とは、人工的につくられた人間のような知能、ないしはそれをつくる技術。人間のように知的であるとは、「気づくことのできる」コンピュータ、つまり、データの中から特徴量を生成し現象をモデル化することのできるコンピュータという意味である。」

注 4　α は 0 と 1 の間のある数。F (αK, αL) ＝ αY であれば、生産関数は規模について収益不変。F (αK, αL) ＞ αY であれば規模について収益逓増であり、不等号が逆であれば規模について収益逓減である。

注 5　生産関数の各変数に、時間を示す添字 t は、生産量 Y、資本ストック K、労働投入 L、の量が時間の経過とともに変化する可能性を表している。

注 6　この経済は閉鎖経済であると仮定し、この式に輸出や輸入は登場しない。

注 7　現在の資本ストックは、過去に行われた投資の結果である。ただし、どこかに必ず始点があり、モデル初期時点を t = 0 期とした。

注 8　モデルを単純化するために労働供給と労働需要を明示的に組み込まず一定水準で外性的に与えられているとする。

注 9

ソローモデル：5本の式と5つの未知数

未知数/内生変数: Y_t, K_t, L_t, C_t, I_t

生産関数	$Y_t = \bar{A} K_t^{1/3} L_t^{2/3}$
資本蓄積方程式	$\dot{K} = I_t - \bar{d}\, K_t$
労働供給	$L_t = \bar{L}$
財市場の資源制約式	$C_t + I_t = Y_t$
投資関数	$I_t = \bar{s}\, Y_t$

パラメーター: $\bar{A}, \bar{s}, \bar{d}, \bar{L}, \bar{K}_0$

注 10　総務省統計局『労働力調査 2020 年』

注 11　CECD Investment(GFCF)/ICT investment

注 12　$\bar{z} = z A^\phi$　z と φ は定数。φ > 0 であれば、過去に発見されたアイデアの蓄積は生産性を増加。φ < 0 の場合は、自明のアイデアは先に発見されており、それに続くアイデアが発見しにくくなる。φ = 0 は生産性とアイデアの蓄積が無関係。

注 13

ローマーモデル：4本の式と4つの未知数

未知数/内生変数: Y_t, A_t, L_{yt}, L_{at}

消費財の生産関数	$Y_t = A_t L_{yt}$
新アイデアの生産関数	$\dot{K} = \bar{z}\, A_t L_{at}$
労働需要の制約	$L_{yt} + L_{at} = \bar{L}$
労働投入の配分式	$L_{at} = \bar{\ell}\, \bar{L}$

パラメーター: $\bar{z}, \bar{L}, \bar{\ell}, \bar{A}_0$

注 14　JIP データベース 2018(2019 年 9 月改訂版)

注 15　AI 白書 2020「AI が解決すると期待する社会的課題(AI 白書 2019、2020 比較)」

注 16　IDC2021 の世界 AI ソフトウェア市場予測によると AI ソフトウェア分野の成長率では AI プラットフォームが最も高く、今後 5 年間の年平均成長率は 33.2%である。

注 17　株式会社マーケティングデザイン、東京都港区港南 2-16-2-28F（営業 2 名/CS　1 名/マーケティング 3 名/開発 2 名）は Salesforce 社の AI 活用ホワイトペーパー「Excel から AI にたどり着く必然」に Einstein 活用事例として取り上げられ、本稿ではその内容を踏襲している。

注 18　ついに登場！Salesforce Einstein とは？

https://www.salesforce.com/jp/blog/2016/09/einstein-vol1-introducing.html

注 19　Einstein リードスコアリングとは、Sales Cloud Einstein の機能の 1 つである。料金は 1 ユーザーあたり月額 6,000 円（税別）である。

注 20　本稿でのリードの定義は過去に一度も商談を行ったことのない見込み顧客段階の顧客である。

注 21　α は労働資本比率

注 22　この外部性は「実行による学習」（learning by doing）］の外部性と呼ばれている。

参考文献

【1】青木昌彦、奥野正寛『経済システムの比較制度分析』、東京大学出版会（1996）

【2】青木昌彦『比較制度分析に向けて』、ＮＴＴ出版（2007）

【3】井堀利宏『入門マクロ経済学（第 2 版）』、新世社、2003 年

【4】AI ネットワーク社会推進会議 AI 経済検討会報告書（2019）

【5】オリバー・ウィリアムソン『市場と企業組織』、日本評論社（1980）

【6】川口大司『労働経済学』、有意閣、（2017）

【7】菊澤研宗『組織の経済学入門』、有斐閣(2006)

【8】桑田耕太郎・田尾雅夫『組織論』、有意閣アルマ(2013)

【9】チャールズ・ジョーンズ『経済成長理論入門』、日本経済新聞社（1999）

【10】チャールズ・ジョーンズ『マクロ経済学Ｉ長期成長編』、東洋経済（2011）

【11】ティモシー・イェガー『新制度派経済学入門』、東洋経済、（2001）

【12】ハル・ヴァリアン『入門ミクロ経済学』、勁草書房（2015）

【13】日置弘一郎、二神恭一『コラボレーションの経営学』、中央経済社（2008）

【14】永谷敬三『入門　情報の経済学』、東洋経済、（2002）

【15】Chen, Los & Timmer (2018) "Factor Incomes in Global Value Chains: The Role of Intangibles、" NBER Working Paper 25242。

スマートフォン向けアプリ・プラットフォームにおける意思決定の考察

金野　和弘

1．はじめに

　現在、デジタルプラットフォーム業界が活況を呈している。米 Bloomberg 社によると、株式時価総額の世界ランキング[1] の上位 5 社のうち 4 社はデジタルプラットフォーム企業である[2]。6 位の米 Facebook（現 Meta Platforms）社を含めれば、この中に「GAFA」もしくは「GAFA+M」の企業が全て含まれている[3]。株式時価総額の視点でみれば、デジタルプラットフォームは執筆時点において最も成長を期待される業態であるといえよう。その一方で、個人情報の保護や政治的中立性などさまざまな問題を抱えており、その解決および改善が急務となっている。

　本研究では、スマートフォン向け OS（Operating System）の供給者が運営者となっているスマートフォン用アプリのプラットフォーム（以下、アプリ・プラットフォーム）に焦点を当てる。アプリ・プラットフォームの参加者であるプラットフォーム事業者（以下、プラットフォーマー）、スマートフォン向けアプリの開発者（以下、アプリ開発者）、スマートフォンアプリの購入者であり利用者（以下、アプリ利用者）の 3 プレイヤーの意思決定を、ゲームモデルを構築することで分析を試みる。さらに、分析結果と現実のアプリ・プラットフォームの状況とを比較することで、各プレイヤーの意思決定を考察する。

2．二面性プラットフォームとしてのアプリ・プラットフォーム

　アプリ・プラットフォームは、典型的な二面性プラットフォームとして捉えることができる[4]。すなわち、アプリ・プラットフォームは、アプリ開発者の顧客グループ（以下、開発者グループ）の側面と、アプリ利用者の顧客グループ（以下、利用者グループ）の側面という二面性を持つプラットフォームを、プラットフォーマーが運営している構図である。この関係を図示すると、図 1 のとおりである。

　二面性プラットフォームでは、各顧客グループ内の相互関係ばかりでなく、顧客グループ間の相互関係も注目される。前者は直接的ネットワーク外部性、後者は間接的ネットワーク外部性と呼ばれる。次節では、各外部性について概観する。

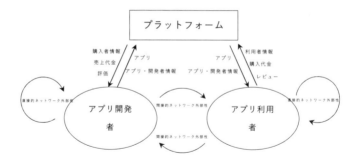

図 1　アプリ・プラットフォームの構図

［筆者作成］

3．2つのネットワーク外部性

　二面性プラットフォームには、2種類のネットワーク外部性が存在する場合がある。1つは直接的ネットワーク外部性（direct network externalities）であり、いま1つは間接的ネットワーク外部性（indirect network externalities）である[5]。前者は、ある顧客グループのメンバーが増加することによって同じ顧客グループのメンバーの効用が増減するものであり、後者はある顧客グループのメンバーが増加することによって、もう一方の顧客グループのメンバーの効用が増減するものである。これら2種類のネットワーク外部性は、ともに正（プラス）の効用をもたらすものもあれば、負（マイナス）の効用をもたらすものもある。

　本節の以下では、アプリ・プラットフォームにおけるネットワーク外部性について検討してみる。

3-1．直接的ネットワーク外部性

　利用者の増加によって利用者が享受する直接的ネットワーク外部性は、より良質でより多様なアプリが販売されること、活用方法などのノウハウが蓄積され利用可能になること、アプリの価格が低下すること、などの正のものが挙げられよう。アプリ・プラットフォームの場合、負の直接的ネットワーク外部性はほとんどない。

　開発者の増加によって開発者が享受する直接的ネットワーク外部性は、よりよい開発環境（開発プラットフォームやプログラミング言語）が用意されること、人材の流動性が高まること[6]、開発ノウハウが蓄積され共有されること、などの正の外部性として挙げられる。他方、競合他社の増加により、人材難になること、アプリの販売価格が低下すること、販売量が減少すること、などの負の外部性が考えられる。

3-2．間接的ネットワーク外部性

開発者の増加によって利用者が享受する間接的ネットワーク外部性は、購入可能なアプリの種類が増加すること、アプリの質が高まること、アプリの販売価格が低下すること、などの正のものとして挙げられる。他方、選択肢が増加することでアプリの検索費用が高まること[7]、などの負の外部性が生じるかもしれない。

利用者の増加によって開発者が享受する間接的ネットワーク外部性は、潜在的購入者が増加すること、などの正の外部性が挙げられる。この場合も、混雑などの負の外部性はほとんどない。

4．プラットフォーマーの役割

二面性プラットフォームにおける一般的なプラットフォーマーの役割は、次の3つである。すなわち、(1) 顧客グループ間の相互作用を促進するようなプラットフォームの環境整備、(2) 各顧客グループのグループ内環境の整備、(3) いわゆる「鶏卵問題」(chicken-and-egg problem) の解決、である。

(1) は、アプリ販売 Web サイトの開設、アプリ検索機能の充実、アプリの詳細情報の共有、決済手段の整備、ヘルプデスクの設置、などである。プラットフォームの環境を維持、改善することで、相互の取引を活性化するとともにプラットフォームの価値を高める。

(2) は、消費者グループでは評価やレビュー情報の共有、利用者情報の保護、情報セキュリティの強化、などであり、開発者グループでは開発環境の改善、開発用プログラミング言語の改良、などである。各顧客グループに属することの価値を高めることで、退出を防止する。

(3) は、どちらか一方の顧客グループの発展に偏り（時間差）があるために生じる「卵が先か、鶏が先か」問題を発生させないよう、両顧客グループの発展のバランスをとること、である。2つの顧客グループをほぼ同規模に作り上げることから始めて、ほぼ同程度の発展過程を経るのが一般的ではあるが、場合によってはどちらか一方の顧客グループを発展させた後に、もう一方の顧客グループを追従させることもある[8]。

5．モデル

本節では、アプリ・プラットフォームに関する簡単なゲームモデルを構築する[9]。

プラットフォーマー（本節では以下、プレイヤーP）はアプリ・プラットフォームを運営しており、アプリ開発者（本節では以下、プレイヤーD）から売上額（販売収入）の一定割合$\varphi \in [0,1]$をプラットフォーム利用料（本節では以下、販売手数料）として受け取る。プレイヤーD は価格$p \geq 0$でアプリを販売し、アプリ利用者（本節では以下、プレイヤーU）は$q \geq 0$単位のアプリを購入する[10]。

金野　和弘

5-1．モデルの時制

本節の以下では、逐次手番完全情報ゲームモデルを構築する。モデルの時制は以下の通りである。

［第１段階］　プレイヤーPが利用料率φを決定する。
［第２段階］　プレイヤーDはφを観察し、価格pを決定する。
［第３段階］　プレイヤーUはpを観察し、アプリ購入量qを決定する。
［第４段階］　各プレイヤーの利得が確定する。

5-2．各プレイヤーの最適応答対応の導出

各プレイヤーの最適解を導出するために、後ろ向き帰納法を用いる。まず、プレイヤーDが設定した価格$\hat{p}$を前提としたときのプレイヤーUの最適購入量q^*を計算する。

プレイヤーUの利得関数Π^Uを以下のように定義する。

$$\Pi^U(q, p(q)) \equiv v(q) - p \cdot q$$

このとき、$v(q)$ $(\partial v(q)/\partial q > 0, \partial^2 v(q)/(\partial q)^2 < 0)$ はアプリをq単位購入し使用したときに得られる便益を表す。このとき、プレイヤーPは以下の最大化問題に直面する。

$$\max_{q \geq 0} \Pi^U(q)$$

内点解を仮定すると、最大解q^*は一階条件$\partial\Pi^U/\partial q = 0$を満たす。これを解くと、

$$\hat{p} = \frac{\partial v}{\partial q}$$

である。次に、プレイヤーDの最適価格p^*を計算する。プレイヤーDの利得関数Π^Dを以下のように定義する[11]。

$$\Pi^D(p) \equiv (1 - \phi)p \cdot q(p) - C^D(q(p))$$

このとき、$C^D(q)$ $(\partial C^D(q)/\partial q > 0, \partial^2 C^D(q)/(\partial q)^2 < 0)$ はアプリをq単位販売したときの販売費用を表す[12]。プラットフォームの利用料率$\hat{\varphi}$を前提としたとき、プレイヤーDは以下の最大化問題に直面する。

$$\max_{p \geq 0} \Pi^D(p)$$

内点解を仮定すると、最大解p^*は一階条件$\partial\Pi^D/\partial p = 0$を満たす。これを解くと、

$$q = \frac{1}{1 - \hat{\varphi}} \cdot \frac{\partial C^D(q)}{\partial q(p)} \cdot \frac{\partial q(p)}{\partial p} - \frac{\partial v(q(p))}{\partial q(p)} \cdot \frac{\partial q(p)}{\partial p}$$

である。最後に、プレイヤーPの最適利用料率φ^*を計算する。プレイヤーPの利得関数Π^Pを以下のように定義する。

$$\Pi^P(\varphi) = \varphi \cdot p(\varphi) \cdot q(p(\varphi)) - C^P(q(p(\varphi)))$$

このとき、$C^P(q)$はアプリをq単位提供したときの運用費用を表す。プレイヤーDは以下の最大化問題に直面する。

$$\max_{\varphi \in [0,1]} \Pi^P(\varphi)$$

内点解を仮定すると、最大解φ^*は一階条件$\partial\Pi^P/\partial\varphi = 0$を満たす。これを解くと、

$$\varphi^* = \frac{\left(\frac{\partial v(q)}{\partial q}\right)^2 + \frac{\partial C^P(q)}{\partial q}\cdot\frac{\partial p(\varphi)}{\partial\varphi} - \frac{\partial C^D(q)}{\partial q}\cdot\frac{\partial v(q)}{\partial q}}{\left(\frac{\partial v(q)}{\partial q}\right)^2 + \frac{\partial C^P(q)}{\partial q}\cdot\frac{\partial p(\varphi)}{\partial\varphi} + \frac{\partial C^D(q)}{\partial q}\cdot\frac{\partial p(\varphi)}{\partial\varphi}}$$

となる。

5-3．モデルの考察

本項では、前節の分析結果を考察する。

まず、最適購入量q^*についてみる。アプリ利用の限界便益$\partial v(q)/\partial q$がアプリの価格pに等しくなるような量を購入することが、アプリ利用者 U にとっての最適応答対応となることがわかる。

次に、最適価格p^*についてみてみる。アプリ開発者 D にとっての最適応答対応は、アプリ価格を変化させることで生み出されるアプリ利用者の便益の増減分と、アプリ価格を変化させることで生じるアプリ提供費用の増減分との合計が、アプリ提供量（利用者にとっては購入量）に等しくなるようなアプリ価格にすることだとわかる。価格を上げ過ぎて利用者を減少させてはいけず、他方で価格を下げ過ぎて利用者が増加することで供給費用が増加し過ぎてもいけない。

最適利用料率φ^*については、複数の要素が複雑に絡み合っているため、ここでは解釈を控える。しかし、プラットフォーマーは複雑で多様な要因を考慮して利用料率を決定する必要があることを確認することができた。

6．モデル分析の結果と現実との比較

現実世界のアプリ・プラットフォームはどのような状況だろうか。前節で示したゲームモデルでは 1 つのプラットフォームのみの存在を想定しているが、執筆時点でのアプリ・プラットフォームは事実上、2 大スマートフォン用 OS ごとに 2 つのプラットフォームが併存している [13]。すなわち、米 Apple 社が提供する OS「iOS」のアプリ・プラットフォーム「App Store」と、米 Google 社が提供する OS「Android」のアプリ・プラットフォーム「Google Play Store」である。OS ごとに異なるアプリが存在している場合もあるが、広く利用されているアプリのほとんどは、両方のプラットフォームに提供されている [14]。それゆえ、アプリの有無が OS の選択に与える影響はそれほど大きくない。さらに、異なる OS を搭載したスマートフォンを複数台所有している利用者も存在しているため、本研究では単純なゼロサムゲームを想定することはできないと判断した。

本研究のモデルは、予測される購入数やアプリ価格をもとにプラットフォーマーがプラットフォーム利用料率φを決定するという設定である。さらに、モデル分析によって得られた最適応答対応は、さまざまな要因を考慮した上で得られるものであった。しかし実際

は、個々のアプリの購入数や販売価格に関係なく、利用料率もしくは販売手数料が一律に設定されている。モデルに即していえば、現在は iOS、Android ともに$\varphi = 0.3$である [15]。この利用料率は計算や推論で導出されたものであるとは考えにくく、もしそうであれば合理的でも説得的でもない。アプリ内課金手数料が高すぎるなどの理由で、プラットフォーマーとアプリ開発者間で係争となっているものもある [16]。

　このような一律の利用率が設定されている理由は、アプリ・プラットフォームが複占状態となっているからである。2 つのアプリ・プラットフォームがともに売上の 3 割を利用料として設定しているため、アプリ開発者は利用料の支払いを免れることはできない。そのため、アプリ開発者は利用料の多寡に応じてプラットフォームを選択および変更することはない。

　前述のとおり、広く利用されているアプリのほとんどが、両方のプラットフォームで提供されている。アプリ開発者が多くの人材を抱えるソフトウェア開発企業である場合には、両方のプラットフォーム向けにアプリを提供することは比較的容易である。他方、アプリ開発者が個人もしくは少人数である場合には、両方のプラットフォーム向けにアプリを提供することは容易ではない。なぜなら、開発環境はプラットフォームごとに異なっているため、両方の開発環境、すなわち 2 種類のプログラミング言語（アプリ開発言語）を習得しなければならないからである。そのため、個人のアプリ開発者は、期待収益がより大きいプラットフォームでのみアプリを販売する場合もある [17]。

7．おわりに

　本研究で構築したゲームモデルは、分析の便宜上、現実世界と比べてさまざまな点を単純化した。現実的には、無数のアプリ開発者とアプリ利用者、無数の種類のアプリがプラットフォーム上に存在する。便益関数や費用関数、変数などは、より現実に近い設定が必要であったかもしれない。

　しかし、単純化しているものの、可能な限り現実の意思決定過程に即してモデルを構築した。それゆえ、得られた含意は決して現実とかけ離れたものではないと考える。

　本研究のモデル分析によって、以下の 3 点が明らかになった。

　1 つめに、利用者はアプリの価格と自分の期待便益をもとに購入量を決定していることである。2 つめに、アプリ開発者は、販売コストと利用者の便益を考慮して価格を決定していることである。情報財の性質により販売コストが小さければ販売価格は低く設定され、利用者の期待便益が高いほど販売価格を高く設定される。3 つめに、プラットフォーマーはさまざまな要因を総合的に考慮して利用料率を決定しなければならないことである。ただし実際は、合理的に決定していない可能性が高いことは先に言及した。その最大の理由は、アプリ・プラットフォームが複占状態にあることについても先に述べたとおりである。

　最後に、本研究で残された課題を示しておきたい。1 つは先述のとおり、より現実に即

した仮定や設定に基づいたゲームモデルの構築とその分析である。2 つめは、それにもとづいた数値計算などである。

注

注 1　2021 年 8 月 16 日時点。

注 2　Bloomberg Web サイト。

注 3　「GAFA」とは、Google、Apple、Facebook、Amazon の頭文字をとったもので、「GAFA+M」とは「GAFA」に Microsoft を加えた表現である。米 Facebook 社が Meta Platforms への社名変更したため、「GAFA」という呼称も「GAMA」または「GAAM」、「GAFA+M」は「GAMMA」に変更するかもしれない。

注 4　市場やプラットフォームの二面性については、Rochet and Tirole(2003)などを参照されたい。

注 5　プラットフォームにおけるネットワーク外部性のより詳細な説明は、Salazar and Lee(2014)や Aoyagi(2018)などを参照されたい。

注 6　開発者にとって、人材の採用が容易になるばかりでなく、自分の転職先が増加することになる。

注 7　選択肢が増加しすぎると、どのアプリを選択すべきか悩んでしまう場合がある。そのとき、複数のアプリの情報を収集して吟味すること、アプリを熟知したキュレーターに助言を請うこと、などの金銭的および非金銭的費用が生じてしまう可能性がある。

注 8　たとえばアプリ・プラットフォームにおいて、Apple 社は「Apple Developers Forums」を開設したり、毎年「Apple Worldwide Developers Conference」（通称、WWDC）を開催することで、開発者のアプリ開発を促している。

注 9　第 3 節で述べたように、実際のアプリ・プラットフォームは二面性プラットフォームであるが、モデルの単純化のため、本稿のモデルではネットワーク外部性を考慮していない。

注 10　実際には多種多様なアプリが販売されるが、本モデルでは 1 種類のアプリのみが販売されるものと仮定する。

注 11　本来であれば、アプリの開発コストと販売コストを分けてモデル化する必要があるが、単純化のため、ここでは単位あたりの販売費用としてまとめて扱う。

注 12　アプリは情報財であるため、実際は開発コストは大きく限界供給コストはかなり小さいが、ここでは単純化のため一般財と同様に扱うものとする。

注 13　実際には 2 大 OS 以外の OS も存在しているが、規模は極めて小さいことから、ここではないものとして扱う。

注 14　その主な理由は、有名なアプリのほとんどは優秀な人材を抱える企業が開発したものであること、両方の OS 向けのアプリを同時に開発できる「クロスプラットフォー

ム」環境が発展していること、などが挙げられる。

注 15　正確には、アプリの価格ばかりでなく、アプリ内課金に対しても手数料として同じ
　　　割合をプラットフォーマーに支払わなければならない。

注 16　米 Epic Games 社は、アプリ内課金の手数料支払が不当だとして手数料支払を掻い
　　　潜る規約違反をした。それに対抗するために、Apple 社が App Store から Epic Games
　　　社のアプリをすべて削除したため、2020 年 8 月から訴訟となっている。

注 17　ただし、前述のとおり、近年はクロスプラットフォーム環境が提供されているが、
　　　有料サービスであるため、利用を断念する開発者もいるだろう。

参考文献

【1】Aoyagi, M., (2018), "Bertrand competition under network externalities", *Journal of Economic Theory*, Vol.178, pp.517-550.

【2】Bloomberg Web サイト「No Chinese Stock Left Among Global Top 10 as Tencent Slides」
(https://www.bloomberg.com/news/articles/2021-09-16/tencent-s-slide-leaves-china-with-no-stocks-in-global-top-10).

【3】Rochet, J-C., and Tirole, J., (2003), "Platform Competition in Two-Sided Markets", *Journal of the European Economic Association*, Vol.1, No.4, pp.990-1029.

【4】Salazar, A. J., and Lee, R., (2014), 'Platform Competition: A Game-theoretic Review', New Economic Models in the Digital Economy (http://www.nemode.ac.uk/wp-content/uploads/2015/10/Salazar-2014-PlatformCompetition-ResearchReview.pdf).

（上記 Web サイトの最終更新日は、2022 年 5 月 15 日である）

「文系大学生にベイズ推定をいかに説明するか」についての一考察

岩本　隆志

1．はじめに

　近年、企業・自治体において AI・RPA 導入が激増状況である。また、2020 年に発生した新型コロナウィルスの影響で雇用情勢が厳しさを増す中、データサイエンティストは深刻な不足状況である。このような状況下、大学では全学的データサイエンスリテラシー教育が始まってきている。だが、文系大学の大学生にとってはリテラシーレベルのデータサイエンスといえども、データサイエンス独自の ICT 技術・数学を理解することは敷居が高いと考えられる。本研究では、ベイズ推定に焦点をあて、文系学生に対し、数式使用を最小限にし、図や表を多用し、楽しい例題を与えながら、理解を深めていくことを本研究の目的とする。

2．ベイズの定理

　ベイズ推定とは、尤度パラメータをMLE[1]で点推定するのではなく、ベイズの定理を用いてパラメータの分布を推定することである。ベイズの定理は

$$p(w|x) = \frac{p(x|w)p(w)}{p(x)}$$

で表される。p(x|w)が尤度（＝モデル）、p(w)が事前分布、p(x)がデータの発生確率であり、p(w|x)を事後分布と言う。この式は、モデルのパラメータ w の事前分布に尤度をかけることで、データ x が与えられたときのパラメータ w の事後分布が得られるという式である。

$$p(A,B,C) = p(A|B,C)p(B,C)$$

$$\Rightarrow \quad p(A|B,C) = \frac{p(B,C|A)p(A)}{p(B,C)}$$

次に、B と C は独立かつ A を与えたもとで条件付き独立であるとすると、

$$p(A|B,C) = \frac{p(C|A)}{p(C)}p(A|B)$$

となる。このとき、

$$p(w|x_1,x_2) = \frac{p(x_2|w)}{p(x_2)}p(w|x_1)$$

が成り立つ。この関係を利用して、事前分布を与え、データが与えられたら事後分布を求め、事後分布を事前分布に読み替え、データが与えられたら事後分布を求めることにより

事後分布を更新することができる。

２．１　ベイズ推定の有効性

　ベイズ推定は、近年のAIブームで非常に注目をあびているが、何が有効なのかを解説する。まず、ベイズ推定は以下のような処理の流れとなる。

① 事前確率
② 情報追加
③ 事後確率

　さらなる情報追加が発生した場合、事後確率を事前確率とし、①から③までの流れで処理を実施する。この時、追加情報にのみ処理すればいいので、非常に柔軟な対応が可能となる。例えば、ベイズ推定と従来推定での処理例を考えてみる。初めに 1000 万件の処理があったとしよう。2 回目に 1 万件の追加情報が発生した場合の処理件数を図表 1 に纏まる。

図表 1　2 回処理を実施した場合のベイズ推定と従来型推定の処理量の比較

	1 回目処理量	2 回目処理量
ベイズ推定	1000 万件	1 万件
従来型推定	1000 万件	1001 万件

（出所：筆者作成）

　図表 1 を見て頂いてもお分かりいただけると思うが、ベイズ推定では、2 回目処理時、追加処理量のみ計算すればよく、無駄な処理が発生しない。また、このような特性から機械学習との相性もよく、注目を浴びている理由でもある。次に、ベイズ推定と従来型推定の性質の違いを図表 2 に示す。

図表 2　ベイズ推定と従来型推定の性質の比較

ベイズ推定	柔軟
従来型推定	固定

（出所：筆者作成）

２．２　面積 1 の四角形を用いたベイズ推定の説明

　ベイズ推定の解説でなるべく数式を用いず、図表のみで解説する方法として面積 1 の四角形を用いた方法を以下の 5 ステップで示す。

①　事前確率設定
②　事後確率設定
③　起こり得る確率を面積 1 の四角形に記述
④　成功確率のみを抽出
⑤　正規化する

2．3　文系向け数値例

　ベイズ推定は、分かったようでよく分からないという声を多方面から聞く事がある。今回は、面積 1 の四角形を使用し文科系大学生レベルでも理解できるように説明する。

例：占い師の 85％がニセモノ、15％が本物である。本物の占い師が占いを当てる確率は 90％で、ニセモノの占い師が占いを当てる確率は 60％とする。これらの情報から占い師が本物である確率を求める。まず、第 1 事前情報と第 2 事前情報を図表 3 に示す。図表 4 に事後確率を示す。次に説明に使用する面積 1 の四角計を図表 5 に、起こる確率全てを記載した面積 1 の四角形を図表 6 に示す。図表 6 より占いが当たった確率のみを抽出した確率を、図表 7 に示す。最後に、図表 7 を正規化したものを図表 8 に示す。

図表 3　事前確率

占いが本物である確率	0.15
占いが偽物である確率	0.85

（出所：筆者作成）

図表 4　事後確率

	偽物占い師	本物占い師
占いが当たる確率	0.5	0.9
占いが外れる確率	0.5	0.1

（出所：筆者作成）

図表 5　面積が 1 の四角形

面積が 1 の四角形：
横 1 × 縦 1

（出所：筆者作成）

図表 6　起こる確率全てを記載した面積 1 の四角形

	偽物占い師	本物占い師	
外れる確率：0.40	①偽物占い師が占いを外す確率 0.85×0.5=0.425	③本物占い師が占いを外す確率 0.15×0.10=0.015	外れる確率：0.10
当たる確率：0.60	②偽物占い師が占いを当てる確率 0.85×0.5=0.425	④本物占い師が占いを当てる確率 0.15×0.90=0.135	当たる確率：0.90

（出所：筆者作成）

図表 7　占いが当たった確率のみ抽出した図

②偽物占い師が占いを当てる確率 0.85×0.5=0.425	④本物占い師が占いを当てる確率 0.15×0.90=0.135

（出所：筆者作成）

図表 8　正規化した図

②正規化した偽物占い師が占いを当てる確率 0.425/（0.425+0.135） ≒0.76	④本物占い師が占いを当てる確率 0.135/(0.425+0.135) ≒0.240

（出所：筆者作成）

３．まとめ

　1 章では、データサイエンスの社会への普及状況を述べた。2 章では、ベイズの定理の数学的説明を行った。2.1 ではベイズ推定の有効性について数値例を用いて示した。2.2 では、面積 1 の四角形を用いたベイズ推定についての流れを示した。2.3 では、文系大学生向けになるべく数式を用いず、図表のみで解説することを試みた。社会の変化は目まぐるしく、これまで理系のみに求められていたプログラミングやシステム開発、更にはAIやRPAの導入といった業務スキルを今後は文系大学生にも求められる時代が来ている。本研究では、文系大学生にベイズ推定について数式を用いず解説することを試みた。2021 年現在、

文系大学にデータサイエンスの教育が普及してきているが、従来型の数式を用いた理科系的解説を大学の授業で行っていても学生の理解が追い付かない可能性が高い。そのため、大学側の対応としては、分かりやすくかみ砕いた形での授業を実施することが求められる。本研究では、ベイズ推定について、文系大学生向けに分かりやすく伝える方法を示した。今後、このような形で、なるべく数式を使わず、図表のみで体験的にデータサイエンスを学ぶ手法を見出していきたいと考えている。

注

注1　尤度を「観測データのもと、あるパラメータ値が得られる確率」とみなし、尤度を最大化するようパラメータ値を探索する推定方法。

参考文献

【1】株式会社インプレス Web ページ https://it.impress.co.jp/articles/-/17735
（閲覧日：2021 年 10月14日）。厚生労働省 Web ページ
https://www.mhlw.go.jp/content/10601000/000502282.pdf（閲覧日：2021年10月15日）。

【2】内閣府 Web ページ https://www8.cao.go.jp/cstp/ai/index.html（閲覧日：2021年10月15日）。The MathWorks, Inc. Web ページ https://jp.mathworks.com/help/stats/bayesian-analysis-for-a-logistic-regression-model.html（閲覧日：2021年10月15日）。

【3】株式会社インプレス Web ページ
https://academy.impress.co.jp/event/datascientist2016spring/images/2015autumn_pdf4.pdf
（閲覧日：2021年10月20日）。

【4】株式会社AVILEN Web ページ https://ai-trend.jp/basic-study/bayes/bayes-theorem/
（閲覧日：2021年10月20日）。

【5】名古屋市立大学 Web ページ http://www.med.nagoya-cu.ac.jp/legal.dir/aoki/vf/risshi.html（閲覧日：2021年10月22日）。

【6】東北大学 Web ページ
http://www.ecei.tohoku.ac.jp/hariyama/lecture/dependable/dependable09-2019.pdf（閲覧日：2021年11月15日）。

【7】森北出版株式会社Web ページ https://www.morikita.co.jp/data/mkj/007791mkj.pdf（閲覧日：2021年11月15日）。

【8】株式会社日本科学技術研修所 Web ページ https://www.i-juse.co.jp/statistics/product/func/reliability/mle.html（閲覧日：2021年11月15日）。

外食における消費者行動の研究
―情報活用に着目した購買意思決定プロセス―

島　　浩二

1．情報活用の現状と研究の目的

　近年のインターネット上の情報活用は、スマートフォンによるインターネット環境の普及によって、新たに情報発信という行動を活性化させた。反面、情報過多と情報の不確実性の課題が浮かび上がってきた。課題を解決するためには、情報活用を中心とした消費行動の実態を把握することが重要な足掛かりと考え、現実の消費行動での情報活用（探索・処理・発信）に着目し、一連の段階を前提とした購買意思決定プロセスを明らかにすることを研究の目的とし、今まで執筆した論文を博士学位請求論文としてまとめて、提出した。

2．情報活用と購買意思決定プロセス

　先行研究では、まずは、取引の対象となる財の情報の量と質が消費行動に与える影響を情報経済論から、次に情報が消費行動に与える影響をクチコミ研究から、情報活用と購買意思決定プロセスとの関係を消費者行動及びマーケティング研究から議論し、整理した。そして、情報活用に対する欲求については動機付け理論研究から、情報活用の対象となる財（製品・サービス）の特性については、サービス・マーケティング研究から議論し、整理した。

　特に、理論的背景として、情報と購買意思決定については、十分な情報をもとに合理的な判断をおこなうことを原則とするミクロ経済学から、情報の不確実性を前提とした情報経済論、不十分な情報から非合理的な判断をおこなうとする行動経済学から整理することにより、消費者を取り巻く現状が抱える課題である情報過多、情報の不確実性について議論した。

3．研究のフレームワーク

　本論文の研究対象とした外食ビジネスにおける、消費者の購買行動を先行研究及び外食ビジネスの特徴をサービス・マーケティングからまとめ、研究のフレームワークを提示した。特に、購買意思決定プロセスについては、行動科学的モデルとマーケティングモデルに沿って、情報活用とその動機付けについて、枠組みとして提示した。

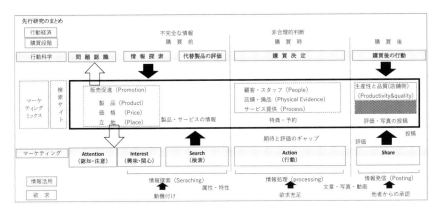

図1　研究のフレームワーク

4．実証と分析

　研究のフレームワークに従い、その購買行動の各段階や一連のプロセスにおいて、本論文の研究課題の解決のための「実証」と「分析」をおこなった結果を述べた。その対象は、プロセスの順に、消費者の欲求構造、検索サイトにおける消費者、情報が購買意思決定に与える影響、サービスの評価構造、コロナ禍における消費者が必要とする情報についてであった。

　消費者の欲求構造の分析では、欲求を構成する具体的な要因を抽出後、それらをもとに、外食の欲求に関するアンケート調査から、出した因子の相関分析をおこなった。外食の起点となる欲求、高次の欲求層を支える成長動機層の存在が明らかになり、5つのカテゴリーからなる欲求階層説の要素は、低次の3つの欲求と高次の2つの欲求に区分された。情報活用との関連においては、欲求階層説に依拠した欲求は、購買前には店舗選択時での情報探索、購買時には欲求を充足するための情報処理（購買決定）、購買後はグルメになりたい承認欲求を満たす情報発信、これら3段階での動機付けをおこなうことが明らかになった。

　検索サイトにおける消費者の分析では、検索サイトの利用に関するアンケート調査をおこない、因子分析により利用する際のドライバーの抽出したうえで、利用形態から消費者の情報活用についてはクラスター分析・職種についてはコレスポンデンス分析、費用負担への意識につては CVM 法による分析をおこなった。各プロセスの段階における情報ニーズの相違から、検索サイトを操作する「情報探索」、「購買決定」、「評価投稿」の3つのドライバーを抽出し、「情報接触積極型」、「情報接触消極型」、「情報探索専門型」「評価投稿専門型」「購買決定専門型」「情報探索後購買決定型」の6つの消費者群の存在を明らかにした。

　情報が購買意思決定に与える影響についての分析では、行動経済学・損失回避の視点から価格・品質の提示方法による消費者選考の変化についてアンケート調査をおこない分析した。消費者に対し、2段階から上位の選択肢が付加した3段階の選択肢（異なったフレーム）を情報として提示した結果、極端性回避の傾向が最高位の価格・品質に対しては顕著に表れることにより消費者選好が変化し、消費単価の上昇につながるというフレーミング効果を生み出すことが明らかになった。

　サービスの評価構造についての分析では、実店舗におけるアンケート調査から、サービスの評価構造を明らかにするためサービス品質を向上させるために生み出された品質評価手法として提唱された SERVQUAL モデルをもとに、確認的因子分析をおこなった。購買後の行動で情報発信されるサービスについての評価概念が、サービス品質の要素として挙げられている信頼性、反応性、確実性、有形性、共感性の5因子から構成されていることを確認した。顧客がサービス過程（Process）において製品・サービスに対して抱いた期待とのギャップの評価やクチコミは、生産性と品質（Productivity & Quality）の側面から改善していくうえで、飲食店としても重要な情報源であることがわかった。

　コロナ禍における消費者が必要とする情報8章では、感染拡大防止対策に関する情報についてのアンケート調査から、（店舗側・利用客側、費用負担）の側面から意識構造を明らかにするため、共分散構造分析をおこなった。感染症対策に関する情報に対するニーズ（欲求）は高く、スタッフ自身の対策や、特に設備・備品の消毒など店舗側がおこなう感染症対策の情報については、必要性を強く感じていることが明らかになった。インターネット上では、飲食店からの店舗の情報として認証制度の提示がなされ、より安全・安心な店舗選択に誘導されるとともに、店舗内では、サービスのエンカウンター（接点）の中で感染予防の行動が促されることがわかった。

5．結論

　本研究から、購買意思決定プロセスは、本研究により、大きく2つに区分されることが明確になった。購買意思決定プロセスは、購買前、購買時の2つの段階と、購買後の1つの段階化に区分されるのである。そのことの裏付けとして、情報活用における動機付けの変化と情報活用のドライバーの相関関係の2点を挙げることができた。

　購買前の段階において、購買行動に対する欲求が動機付けとなり、財（製品・サービス）の属性に組織化され情報探索をおこなう。購買時の段階には、組織化された情報は期待へと変化し、欲求のすべてを充足する動機付けとなる。そして、その期待とのギャップにより評価を構築する。購買後の段階では、その製品の使用、サービスの享受を通じて得たクチコミや評価、写真などを情報として、他者に認められたいという承認欲求から情報発信をするのである。

　各プロセスの段階における情報ニーズの相違から、検索サイトを操作する「情報探索」、

「購買決定」、「評価投稿」の３つのドライバーを抽出した。購買後の段階における情報活用のドライバー「評価投稿」は、他の２つのドライバー「情報探索」、「購買決定」とは相関性がみられず、独立した存在であることが明らかになった。さらに、消費者群についても、すべてのドライバーを併せ持つ「情報接触積極型」以外は、他の２つのドライバーと結合することなく、単体の「評価投稿専門型」しか生み出さなかった。

　スマートフォンの普及により、インターネット環境が身近なものとなり、購買意思決定プロセスと情報活用は切っても切り離せない関係となった。他者の購買経験を通して得た評価やクチコミ、写真などの情報が、購買欲求とは異なる承認欲求に動機づけられ、情報発信される。そして、また他者の購買行動の情報源となっていく。本研究により、情報活用を中心とした消費行動を明らかにしたといえる。

6．サービス・マーケティングの新しい要素の提案と残された課題

　本論文において、消費行動における情報の過多や情報の不確実性の問題を解決すべく、先行研究を整理した結果、情報の変化していく過程が明らかになった。

　消費者の情報発信により、インターネット上には膨大なクチコミなどの情報が蓄積し、情報の正確さなどのチェックの役割も担う消費者間のコミュニケーションを通して、不正確な情報などは淘汰される。淘汰された情報は、再度蓄積されインターネット上にさらされることによって、再度淘汰される。この工程が繰り返されることにより、蓄積された情報は熟成されていく。

　この情報の蓄積、淘汰、熟成する過程が、消費者側のインターネット上に情報発信（Posting）する機能だけでなく、投稿（Post）された情報を蓄積し、淘汰、熟成した後に想定されていないマーケティング要素の存在があるのではないかと考え研究を進めた。

　研究の成果からは、購買後の行動の評価やクチコミ、写真が投稿（Post）された後、店舗側には８Ｐとして生産性と品質（Productivity & Quality）に取り込まれるのに対し、再度の購買行動や他者の購買行動の購買前の行動にどのようにして影響していくのかは明らかにできなかった。情報発信された評価やクチコミなどの情報が投稿（Post）された後、蓄積、淘汰、熟成する過程を担う９つめのマーケティング機能が必要であると考え、投稿（Ｐｏｓｔ）された情報の投入口として「情報ポスト」（Post of information）と名付けた。

島　　浩二

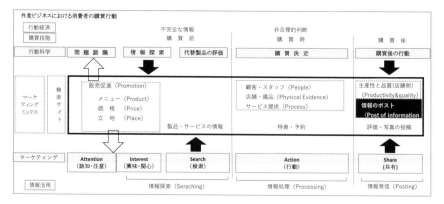

図2　情報活用を重視したサービス・マーケティングの新しい要素としての9Pの提案

　清水[2013]は、消費者行動論の観点から、購買意思決定プロセス自体が、購買前、購買時、購買後の一方通行ではなく、購買後の行動が購買前の行動に、情報とともに循環するという、「循環型マーケティング」を提唱している。情報感度が高い消費者の購買意思決定プロセスが中心となって、潜在顧客にも情報を提供するというものである。

　このように、購買後の行動で、投稿（Post）された評価やクチコミ、写真などの情報が、再度の購買行動や他者の購買行動の購買前の行動にどのようにして影響していくのか、情報発信された情報は、どのようにして他者により情報探索されていくのか、この情報活用の連鎖を説明できる購買意思決定プロセスは未だ存在していない。これらの解明については今後の研究課題としたい。

100

サイクルツーリズムにおける地域資本

林　　恒宏・小倉　哲也・阪西　洋一

1．はじめに

　政府観光局の発表によると 2015 年 1 ～ 12 月の訪日外客数は 1,973 万 7 千人と前年比の 47.1％増となり過去最高となった(注1)。観光庁が策定した観光立国推進基本計画でしめされた、訪日外国人旅行者数を平成 28 年までに 1,800 万人にするという目標を上回る状況であった。さらに同計画では平成 32 年までに 2,500 万人とすることを念頭におき 1.国内外から選好される魅力ある観光地域づくり（観光地域のブランド化・複数地域間の広域連携等）2.オールジャパンによる訪日プロモーションの実施 3.国際会議等のＭＩＣＥ 分野の国際競争力強化 4.休暇改革の推進など様々な施策を展開している。

2011 年、観光庁が主導するスポーツツーリズム推進連絡会議は国内でスポーツツーリズムを推進するための方針である「スポーツツーリズム推進基本方針」を策定した。同方針におけるスポーツツーリズムの捉え方の一つとして「豊かな自然環境や美しい四季を利用した、スキー、ゴルフ、登山、サイクリング、海水浴、さらに今日では、全国各地の魅力的な都市・地域で開催されている市民マラソンなど、多くの国民が親しむ「する」スポーツが存在する。」とあり、サイクリングもスポーツツーリズムのコンテンツの一つであることを述べている。

昨今、サイクリングによる観光客誘致を図る事例はいくつか見られる。

例えば「ビワイチ」のキャッチコピーで誘客を図る滋賀県がある。「ビワイチ」とは「琵琶湖一周サイクリング」の略称で周囲 200km の湖の周りという風光明媚さや、高低差の無さなどを強みとして、2009 年には「輪の国びわ湖推進協議会」を組織するなどして誘客に力を入れている。また、岐阜県飛騨市古川町では、2010 年から株式会社美ら地球（ちゅらぼし）が外国人向けのガイド付き里山サイクリングをサービスとして提供している。同サービスでは、日本人には何気ない景色である里山の風景、日本の原風景をサイクリングを通して外国人に感じてもらうというサービスである。サービスをスタートしてから、5 年間で世界 40 数カ国の外国人がツアーを利用している。2009 年に当初はレンタサイクルとしてはじめたが、ビジネスとして成立させるために付加価値を付けるために 2010 年からガイド付きのサービスを開始した。現在では 4 種類のサイクリングツアーを催行している。

　この他にもサイクリング大会の開催やサイクリングロードの整備、レンタサイクルやコミュニティーサイクル事業により誘客を図ろうとする事例も見られる。

　このようにサイクリングを観光コンテンツとしてサイクルツーリズムを推進しようとする自治体や民間団体が出てきているが、サイクリストがサイクリングコースにおいてどの

ような地域資本に必要性を感じているかという分析を行いサイクリングコースの魅力を明らかにし、プロモーションを行っている事例が見られない。

　そこで本稿では地域資本ついて概説するととともに、広島県尾道市と愛媛県今治市を結ぶ「しまなみ海道サイクリング」を事例とし、サイクルツーリズムのコースにおいてサイクリストが魅力と感じる地域資本について紹介する。なお、「しまなみ海道サイクリング」は「インバウンドを見据えた着地型観光調査　先進事例集」（観光庁　2015）において先に紹介した飛騨市古川町の事例とともにサイクリングによる外国人観光客誘客の先進事例として紹介されている。また、2019年、国土交通省は自転車活用推進法に基づき、自転車を通じて優れた観光資源を有機的に連携するサイクルツーリズムの推進により日本における新たな観光価値を創造し、地域の創生を図るため、自転車活用推進本部においてナショナルサイクルルート制度を創設したが、「しまなみ海道サイクリング」は「ビワイチ」、「霞ケ浦サイクリング」とともに第一期のナショナルサイクルルートに選定されている。

２．地域資本について

　文化経済学者の D・スロスヴィーによると、この世の中の資本(資源)は、4 つに集約されるという。それは、「人的資本」と「物的資本」、および「自然資本」と「文化資本」である。（表 1）

(1)人的資本
　人的資本とは教育や訓練、経験を通じて労働者が獲得する知識や技術である。
財やサービスを生み出すのは、根本的には人であるから「人的資本」がもっとも重要であることは間違いない。人は、働くことのできる企業、商店、公共部門がなければその地域には住めない。この働く場の確保こそが、地域にとってもっとも重要な課題である。
(2)物的資本

表 1　世の中の 4 つの資本（資源）

人的資本	教育、訓練、経験を通じて労働者が獲得する知識と技能
物的資本	財・サービスの生産に用いられる設備や建造物のストック
自然資本	土地、河川のように、自然が供給する財・サービスの生産への投入物
文化資本	芸術作品、文化財、伝統、言語、慣習など、それらが有する文化的価値と経済的価値の双方を生み出す資産

［筆者作成］

　物的資本とは財・サービスの生産に用いられる設備や建造物のストックである。
戦後の日本は、重化学工業で大成長を遂げた。その企業や工場の多くが大都市のみならず
地域にも多数移転してきた。しかし、これが、産業構造の転換やグローバル経済の進展で、
地域から工場や企業が撤退・縮小していった。現在は、企業誘致どころではなく、いかに
撤退・廃業を食い止めるかが求められている状況である。つまり、物的資本が縮小してい
る。

(3)自然資本

　自然資本とは土地や河川のように自然が供給する財・サービスへの生産への投入物であ
る。地域には、「自然資本」が、相対的（絶対的）に多く賦存している。工業・商業の衰退
だけでなく、農林水産部門の縮小も進んでいる。（1人当たりの自然資本は大きくなってい
る）但し、単に手付かずの自然が豊富にあれば良いかということでもないであろう。資本
というからには人が効用を得るための手段となるべきである。自然環境を破壊しないよう
な利活用が求められている。

(4)文化資本

　文化資本とは、芸術作品、文化財、伝統、言語、慣習などそれらが有する文化的価値と
経済的価値の双方を生み出す資産である。地域の中ですでに顕在化している文化資本をよ
り増強したり、かつては存在していたが今は廃れていたり、散逸したものの復元や復興も
ありうる。これらの活動によって、地域の文化資本を高めることが望まれる。D・スロス
ヴィーは、「この世界は遺産で溢れている。どの町にも村にも、自分たちが気が付かない文
化資本がまだまだ存在している」と述べている。

3．事例：しまなみ海道サイクリングにおける地域資本

　しまなみ海道（西瀬戸自動車道）は、本州四国連絡橋3ルートの中で、唯一自転車歩
行者道が併設されている自動車道（一般国道317号）で、総延長59.4km。広島県尾道市
～愛媛県今治市までの6島を7橋で結ぶ。7橋の内6橋に自転車歩行者道が整備され、各
島の周回道路と併せて総延長70kmのサイクリングロードとなっている。2014年7月に
は自転車通行料の無料化（2022年3月まで暫定）が実現し、更に多くのサイクリストが
訪れている。
　筆者が調査したしまなみ海道サイクリングにおける地域資本を示す（表2）。

表2　しまなみ海道における地域資本

資本の種類	具体例
人的資本	①飲食店やサイクルオアシスの店員（ホスピタリティ） ②地元民（ホスピタリティ） ③他のサイクリスト ④自転車店店員（今治、尾道）
物的資本	①橋（通行手段） ②車道、歩道、自転車道 ③サイクルオアシス（トイレ、ラック、ベンチ、空気入れ、工具、給水） ④ホテル・民宿 ⑤飲食店、コンビニ ⑥レンタサイクル ⑦タクシー（自転車配送用など） ⑧船 ⑨道路標識 ⑩ブルーライン ⑪無料マップ ⑫自転車店（ジャイアント今治、尾道）
自然資本	①景観（海、山、空、島） ②潮風（香り、肌感覚） ③波（音） ④温暖な気温（温暖な時期、瀬戸内気候）
文化資本	①島の民家 ②柑橘栽培の景色 ③造船の景色 ④橋（景観） ⑤サイクルオアシス（地元物産、名物）

［筆者作成］

４．おわりに

　サイクリストが必要とする地域資本に関する因子には人々の長年の営みにより蓄積された要素や現在の人々の生活を垣間見ることができる要素などを含む文化的因子、しまな

み海道沿線にある海、山、空、島、気候など人間の力では作り出すことができないその土地にある自然の要素を含む自然的因子、また、サイクリストがしまなみ海道を自転車で走行するにあたりエネルギー補給や水分補給、トイレなどとして利用できるコンビニや飲食店、無くては走ることができない道路や橋、標識など機能的な要素を含む機能的因子がある。今後、サイクリストを誘客したいと思っている自治体や地域はこれらの因子を踏まえたプロモーションや事業、環境整備が求められる。

注

注 1　日本政府観光局　月別・年別統計データ（訪日外国人・出国日本人）
　　　http://www.jnto.go.jp/jpn/

参考文献

【1】デイヴィッド スロスヴィー　中谷武雄・後藤和子訳『文化経済学入門―創造性の探究から都市再生まで』（日本経済新聞出版、2002）
【2】林恒宏・小倉哲也『日本におけるサイクルツーリズムの現状と可能性－しまなみ海道サイクリングの外国人観光客に対するプロモーションに着眼して－』（日本産業科学学会研究論叢第 22 号、2016）

研究支援におけるクラウドファンディングの研究

中島　晋

1．はじめに

　財務省（2021）によると、我が国の普通国債残高は令和3年度末には990兆円に上ると見込まれている。リーマンショック、東日本大震災、そしてコロナ禍という国難にあって、益々我が国の財政悪化が懸念されるところである。毎日新聞の社説（2018）は、昨今の科学技術予算の「選択と集中」といった国の方針や平成16(2004)年の国立大学の法人化後の運営費交付金の減少による我が国の科学研究力の低迷を危惧している。このような状況下、吉川（2021）の新聞記事によると、政府の研究予算がつかない中、研究者がクラウドファンディングを活用して研究費を調達しようという動きが広がってきているという。これまでの官の支援と新たな民間の資金（クラウドファンディング）の活用が、我が国の研究開発の持続的発展に繋がっていくことが期待される。現在、研究支援目的に特化したクラウドファンディング運営業者の academist 等によって、さまざまな支援プロジェクトが組成されている。注目すべき手法としてクラウドファンディングの活用を論じるのが本稿の目的である。

2．運営費交付金

　国立大学が平成16 (2004)年に法人化され、独立行政法人となった。国立大学の収入不足を補填するための補助金が運営費交付金である。吉田（2007）は、運営費交付金が大学における基本的な研究基盤の形成に大きな役割を果たしているとともに、運営費交付金の減少が、大学の基本的な研究活動を制約する結果につながると指摘している。また、網中・吉岡(2020)も、長期的な視点が必要な基礎研究の育成が十分にできなくなり、基礎研究の多様性が失われる可能性を指摘している。

3．科学研究費助成事業（科研費）

　科学研究費助成事業は、独立行政法人日本学術振興会の主要事業であり、同振興会のホームページによると、「科学研究費助成事業(学術研究助成基金助成金／科学研究費補助金)は、人文学、社会科学から自然科学まで全ての分野にわたる基礎から応用までのあらゆる『学術研究』（研究者の自由な発想に基づく研究）を格段に発展させることを目的とする『競争的研究費』であり、ピアレビューによる審査を経て、独創的・先駆的な研究に対す

る助成を行う」としている。

4．academist（アカデミスト）

4．1　academist の仕組み

　academist は、2013 年に創業のアカデミスト株式会社によって 2014 年 4 月にリリースされた我が国初の研究費獲得のための学術系クラウドファンディングプラットフォームである（academist.ホームページ）。academist は、「開かれた学術業界を実現し、未来社会の創造に貢献する」というビジョンを掲げて、研究者と社会を繋ぐさまざまな事業展開を行っている。academist の仕組みは、研究費用の調達者であるチャレンジャーが、インターネットを通じて研究の内容や魅力を発信し、その内容について賛同した資金の提供者である支援者から研究費用の支援を受ける。チャレンジャーはその御礼として、研究の成果や研究の進捗状況を支援者に共有してもらうという流れである。募集の形態から目標金額と期限を設定して研究費用を募集する「スポット支援型クラウドファンディング（All or Nothing 型（注 1））」と、月額制の「月額支援型クラウドファンディング（All In 型（注 2））」の 2 つの形態がある。さらに「スポット支援型」には、寄付型と購入型の 2 つの形態があり、寄付型の特徴は、税制優遇を目的とした支援者（サポーター）の支援が期待できるところである（注 3）。特定の研究プロジェクトをすすめるための研究費獲得に有効なスキームである。

　図表 1 は、寄付金受領証明書を発行することが可能な大学・研究機関を活用したスキームである。サポーターの寄付金を academist が代理受領し、チャレンジャーの所属機関に

図表 1　研究費の流れ（大学・研究機関を通す場合）

寄付型

購入型

出典：academist「クラウドファンディング説明会動画」をもとに著者が作成。

寄付金の 100％を送金し、チャレンジャーの所属機関は寄付金の 20％を academist に送金する。残りの寄付金からチャレンジャーの所属機関の管理経費等を控除したものをチャレンジャーに送金する。サポーターは、チャレンジャーの所属機関から寄付金受領証明書（100％分）を受け取り、翌年に税金の還付を受けるというスキームである。

　寄付白書（2017）によると「日本では確定申告に対するメリットが小さいため、税控除が適用される寄付が少ない」一方、「寄付金が大きくなると確定申告で寄付控除を適用される人が増えることから、日本においても税制のインセンティブ効果が効いている可能性がある」と指摘している。academist の大学や研究機関を通す寄付型のこのスキームは、高額支援が期待できるよく考えられたスキームといえる。

4．2　academist の審査基準

　academist は、次の 4 点を審査基準としている。第 1 は、大学・研究機関に所属する博士号取得者からの推薦が 2 件以上あること。academist の説明によれば、博士号取得者に応援者となってもらうことで、サポーターからの信頼を得やすくなる。第 2 は、当該分野における研究遂行能力を示す実績があること。第 3 は、研究のビジョンとビジョン達成までの道筋が描けていること。この第 3 の審査基準がサポーターに共感してもらうための、もっとも重要なポイントであると解説している。そして第 4 は、宣伝戦略が練られていること。支援を集めるには仲間を集め、積極的なアウトリーチが必須であると解説している。2021 年 10 月「宣伝戦略が練られていることが審査基準に加えられているが、研究者、特に理系研究者にとってハードルの高い基準ではないか」との質問を academist に直接メールでおこなったところ、academist から「クラウドファンディング説明会動画（寄付型・購入型）」（17 分）をその回答として紹介された。

4．3　academist の宣伝戦略

　academist では、「3 分の 1 ルール」と呼ばれる宣伝戦略をとっている。第 1 は、「1 次のつながり」として、研究者仲間、友人、知人、親戚等へ個別にメールや LINE で直接支援の要請及び情報の拡散を呼びかけ、目標金額の 33％を集める。第 2 は、「関連コミュニティ」への働きかけとして、所属している研究機関、研究コミュニティ、同窓会等への Facebook、メーリングリスト、学会発表等でチャレンジ内容の呼びかけを行い支援の輪を更に広げる。第 3 は、「新規ファン」として、Twitter を利用して研究分野のファンやこれまでチャレンジャーを知らない人々への支援の働きかけを進めて行く。また、登録者数 12,000 件ある academist のメールマガジンでの情報提供により目標を達成するという戦略である。

　academist では、「事前と初日で身近な仲間を増やす」ことを特に重要であると強調している。

Indiegogo（注 4）の共同創設者兼 CEO である Slava Rubin(2013)は、「30 日間で 100 万ド

ルを調達する方法」というタイトルのプレゼンテーションの中で、クラウドファンディングプロジェクトの成功には、内輪の仲間の資金が重要なファクターであることを述べている。また、家入（2017）は、クラウドファンディングの成功は、リアルな人脈がプロジェクト成功の鍵であると指摘している。LINE、Facebook、Twitter といった SNS（Social Networking Service）の活用は、まさに情報の非対称性を減少させる有効なツールである。また、松尾（2016）は、「地域に密着した人間関係がクラウドファンディングによる資金調達の重要な要素である」ことを指摘しており、academist の宣伝戦略はまさにクラウドファンディングの定番戦略といえる。

5．結論

　academist がホームページで紹介しているように、クラウドファンディングを利用するメリットの第1は、自由度の高い研究費が利用できること。第2は、自分（たち）の研究を知ってもらえることができることである。今まで専門的な分野の関係者しか知らない研究内容、研究成果を広く一般に理解してもらえる機会を得ることができることである。第3は、理系研究者の研究をマーケティング等の専門家が協力することにより、伝えづらい研究の魅力や将来性を伝えることができることである。プロジェクトへの挑戦が科研費獲得のきっかけとなるなどの事例が academist で紹介されている。一方デメリットについては、第1は、資金が集まる保証はないこと。第2は、アイデアが盗まれる可能性があること。第3は、手数料等がかかることである。国内の academist では 10〜20％、海外の研究支援目的クラウドファンディング experiment でも 11〜13％の手数料がかかる。今まで研究費の調達は、科研費や地方自治体を始めとする公的機関、民間助成団体等の研究助成金や産学（官）連携等の「共同研究」による資金調達が一般的であった。研究費調達の手段としてクラウドファンディングが活用されることは、研究支援型クラウドファンディングを通じて、研究者の持つ技術やアイデアと様々な企業等との新たな出会いが生まれる可能性を秘めている。また、個々の小さな資金の支援が、まとまって大きな資金となり、その資金が我が国の基礎研究の多様性の一助となることが期待される。

6．おわりに

　我が国政府は、大学の研究力を抜本的に強化するために 10 兆円規模の大学ファンド創設を決めた（文部科学省 2021）。ファンドの運用益を活用するスキームである。例えばこの財源の一部を利用して、クラウドファンディング事業者の手数料やプロジェクトの動画作成等の費用を補助金等で支援することができれば、研究者がクラウドファンディングにチャレンジし易くなる。また、寄付金控除や寄付者へのリターン（注 5）を拡充し、一般の人々へも寄付に対するインセンティブを付与することで、民間資金を広く研究支援に向け

中島　　晋

易くすることができる。学術系クラウドファンディングが、研究者の支援や我が国の学術研究の発展に今後益々寄与することが期待される。

謝　辞
　メールを通じての質問に迅速な回答をいただいた academist の阿部様に深くお礼申し上げます。

注

注1　クラウドファンディングのプロジェクトで設定した調達期限までに、目標金額を達成した場合のみ支援金を受け取れるという方式。

注2　クラウドファンディングのプロジェクトで設定した調達期限内に、目標金額の達成の可否に関わらず集まった支援金を受け取れる方式。

注3　税制優遇を受けるためには、税制優遇に必要な「特定公益増進法人であることの証明書」及び「税額控除に係る証明書」の交付を受けている大学等の領収書が必要となる、税制優遇の対象となる大学等に寄付をした納税者が寄付をした翌年の確定申告期間に所轄税務署に確定申告をすると所得税の還付を受けることができる。

注4　Indiegogo は、2008 年に設立されたアメリカの大手クラウドファンディングプラットフォームである。

注5　寄付へのお礼のこと。お礼には、一般に支援者への「研究報告レポート」の送付や論文への謝辞掲載などがある。

参考文献

【1】網中裕一・吉岡(小林)徹「日本におけるクラウドファンディングを通じた科学研究支援の動機」『研究技術計画』(研究・イノベーション学会、2020)
【2】家入一真『なめらかなお金がめぐる社会』(ディスカヴァー・トゥエンティワン、2017)
【3】財務省「財政に関する資料」(2021)
【4】柴藤亮介「学術系クラウドファンディング・プラットフォーム『academist』の挑戦」『情報管理』(国立研究開発法人科学技術振興機構、2015)
【5】独立行政法人日本学術振興会「事業のご案内」『科学研究費助成事業』
【6】日本ファンドレイジング協会編『寄付白書 2017』(日本ファンドレイジング協会、2017)
【7】毎日新聞「日本の科学研究力『選択と集中』が招く低迷」『毎日新聞』(東京朝刊、社説、2018 年 7 月 26 日)
【8】松尾順介「クラウドファンディングの拡大と多様化」(証券レポート、2016)

【9】 文部科学省「JST 法の一部を改正する法律案の成立／大学ファンド創設で若手研究者の安定した研究環境の確保を」(2021)

【10】 吉川和輝「研究資金はネットで調達：社会性や「夢」市民が応援(デンシバ Spotlight)」(日本経済新聞夕刊、2021 年 9 月 27 日)

【11】 吉田浩「国立大学の運営費交付金は外部資金獲得行動を誘発するか〜国立大学法人決算を用いた分析〜」(東北大学大学院経済学研究科　2007)

【12】 academist ホームページ　(2022.2.12 アクセス) https：//academist-cf.com

【13】 experiment ホームページ (2022.2.12 アクセス)　https://experiment.com/fag

中島　晋（正会員）

大阪市立大学大学院創造都市研究科都市ビジネス専攻修士課程修了、修士（創造都市）。同博士後期課程在学。主にクラウドファンディングを研究。一般社団法人グローバル都市経営学会理事。

日本企業におけるデジタルトランスフォーメーション（DX）の課題

鈴木　康宏

1．はじめに

　ここ数年、ビジネスの話題として「DX(デジタルトランスフォーメーション)」がいろいろなメディアで取り上げられるようになってきている。

　特に、2018 年に経済産業省から出された「DX レポート」の中に「2025 年の崖」という表現で、このまま旧態依然の状態が継続すれば世界の DX の波に乗り遅れ、2025 年にはビジネスの敗者（世界のデジタル化においつけず、ビジネスが縮小してしまうこと）になると警告したことで、一気に「DX」という言葉が世の中に広まり、「我社も DX をしなければ」という流れになっている。

　ところが、この DX という言葉の明確な定義がなく、AI や IoT、RPA といったデジタル技術を使う話だったり、ビッグデータなどを利用したデータ活用のことを意味したり、もっと単純に PC 活用の話のレベルであったりして、人によって DX と言われてもイメージしていることが異なり、各社まちまちの対応を進めてきているという現状がある。

　この小論では、まず、DX の言葉の定義を明確にし、次に日本企業でなぜ DX が進まないのかについて日本企業独特の組織形態と IT 部門の成り立ちについて述べ、最後にどのように DX を進めていけばよいのかについて論じてみたい。

2．DX の定義

　DX に関する先行研究は欧米の論文で非常に多数出ており、最も古い定義としては 2004 年に Erik Stolterman の書いた「Information Technology and The Good Life」という論文の中で述べられており、「情報システム技術が人々の生活にどのように影響して良い生活(Good Life)に変化させるか」ということと定義されている。その後、2014 年の Westerman などの論文などでは「顧客体験の変革」「業務プロセスの変革」「ビジネスモデルの変革」の 3 つに分類してデジタル成熟度を測るという研究を行っており、この段階では社内業務の効率化からビジネスモデルの変革までの広い範囲のデジタル化を総称して「DX」と呼んでいた。その後もいろいろな論文で DX が取り扱われてきたが、言葉の定義としては、業務プロセス面やデジタル技術面の話ではなく、「ビジネスモデルの変革」「アジリティ（組織の敏捷性）」「すべてのデジタル化」「市場破壊（デジタルボルテックス）」「ダイナミック・ケイパビリティの変革」などが重要というトーンに変わってきている。

　これらのことをわかりやすく定義すると、DX には発展段階があり、次の 3 つの段階（図

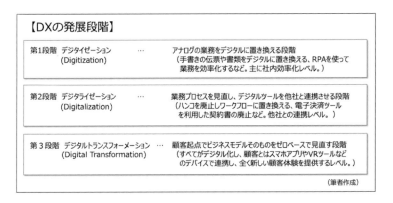

図1：DXの発展段階

（筆者作成）

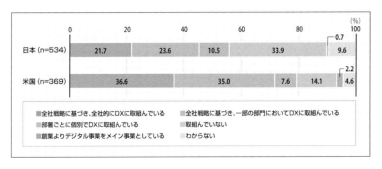

図2：DXへの取組状況

（IPA「DX白書2021」p.2 より）

１）で進んでいくと定義できる。ところが日本はこの発展段階の第1段階レベルにも到達していない企業（まだDXの取組を行っていない）が約4割という調査結果（図2）となっている。

3．日本企業の特徴

青木昌彦氏の「比較制度分析」でJ型企業（日本）とA型企業（米国）の組織形態の違いを述べている部分があり、J型企業は「情報同化型」という型に分類されている。これは職場間の共通認識をすり合わせて調整するいわば「すり合わせ型の組織」である。物事を決めるときに職場間の継続的な調整が必要となるため、意思決定が遅くなり、組織的に経路依存性を帯びやすく、なかなか新しいことにチャレンジできない組織になってしまう。

一方のA型企業は「情報異化型」に分類される。この型はマネジメントが事前に各職場

鈴木　康宏

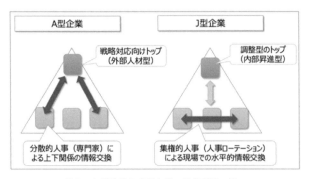

図3　A型企業とJ型企業の組織形態の違い
（出典：青木(2008)、市川(2020)をもとに筆者作成）

の活動選択ルールを定め、各職場は自立分散的な意思決定を行う構造になっている。それ
ぞれの職場で意思決定を行うため、決定が早く、次々と新しいことを行うことができる組
織構造と言える。

　人事的にも、J型企業では本社の各部署および現場など全く違う職種を経験したゼネラ
リストが昇進する形となっており、過去の職場経験や人的つながりを重視する形となって
いる。一方、A型企業は職場のメンバーはジョブ・ディスクリプション（職務記述書）に
基づき、それぞれの業務が決められた形となっており、固定的な人事となっている。部署
としてはそれぞれが専門家集団となっているため、トップもJ型企業のような社内昇進型
ゼネラリストではなく、戦略決定の専門家として外部人材が登用されることが多い（図3
参照）。

4．日本企業のIT部門の歴史とDX開発の限界

　前項で見てきたように日本企業の組織では、IT部門に専門家が配置されるわけではなく、
業務ローテーションの一環としてITと無関係の業務を行っていた人材がIT部門に配属さ
れている。それでも1980年代まではCOBOLなどの言語を習得することで、なんとか社
内システムの開発を行うことが可能であったが、1990年代後半からはどの企業も外部ベン
ダにアウトソーシングすることが普通になってしまった。これはWindows95やインター
ネットの普及により、開発言語が多種多様になり、プログラマを短期間で養成することが
難しくなったことと、当時はバブル崩壊後の業績低迷期にあたっており、コストダウンを
図るためにも他社に開発を委託したほうが良いという経営判断があったからである。

　その後、2000年代に入っても日本の景気は向上せず、アウトソーシングの状況もますま
す固定化していき、極端な例では情報システム部員が1名というような企業も現れるよう
になった。このように社内のシステムを外部にアウトソースしてしまうと、業務ノウハウ

やシステム開発ノウハウが社内に蓄積されず、簡単な対応もすべて外部ベンダまかせとなってしまうという問題が生じ始めていた。

　さらに、日本は製品開発においても自社独自仕様にこだわる「クローズド・インテグラル型」だが、IT の世界でも同様に、自社独自仕様を外部ベンダに委託するため、システムがだんだんと複雑になり、他のベンダに乗り換えられない「ロックイン」状態に陥る企業が増えている。

　一方、アメリカ企業の設計思想は「オープン・モジュラー型」と呼ばれ、IT の世界でもなるべくパッケージを利用し、外部公開のモジュールなど使えるものは使って効率よく作るという思想で開発を行っており、日本とは逆に 1990 年代後半から内製化に舵を切っている状況になっており、もっぱらアジャイル開発でスピーディにシステムをリリースできるようになってきていた。

　この IT 部門の日米の歴史の違いが、DX 時代に大きな違いとなって現れている。DX のためのシステム開発は「顧客起点のビジネスモデル変革」であるが、顧客が利用するスマホアプリや WEB 開発のノウハウが日本の IT 部門にはなく、デザイン・マーケティング感覚も必要になる。日本の場合は外部ベンダにアウトソースしている状態なので、DX の開発のためには外部ベンダを通して、デザイン業者や WEB 開発業者など多くの専門業者と連携しながら、開発を確立する必要がある（図 4 参照）。

　ところがこの場合、発注者側は開発規模がわからなくなり、契約的には受注者有利の契約となり情報の非対称性が発生する。取引コスト（システム開発コスト）が不明確となるため経営側の投資判断が難しい状況になる。

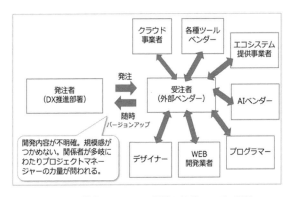

図 4：DX 開発における IT 部門と外部ベンダの関係

（筆者作成）

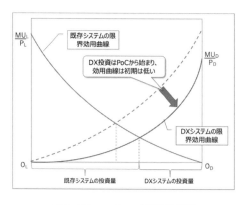

図5：DXシステムの投資配分原理

（筆者作成）

　DX が PoC（概念実証）段階止まりでなかなか事業化しない理由もこの構造にある。これは経済学の加重限界効用均等の法則からも説明ができ、既存システム投資に比べて、DXシステムに対する投資は、初期的には効果が見えにくいので限界効用曲線が低くなり、なかなか投資が進まなくなる（図5参照）。

5．DX 推進のために必要な施策

　この状態を打破するには、情報の非対称性を避けるために外部ベンダに丸投げしている現状から脱却し、J 型企業の構造に A 型企業の構造を挿入する形で、自社に自律的にシステムを構築できる DX 推進部署を設置する必要がある（図6参照）。

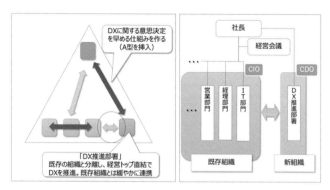

図6：DX 推進のための DX 推進部署の設置イメージ

（筆者作成）

　ただ、単に DX 専門部署を作るだけでなく、経営トップと太いパイプを持ち、DX の専門家として動ける CDO を養成する必要がある。この CDO は（図 4 で示した）マルチベンダに対する目利き能力を持ち、マーケティング感覚も必要になる。さらに、経営トップもトップ自らが DX の旗振り役となり、ゼロベースの抜本的改革を指揮していく気構えが必要になる。

　以上、ここまでいろいろと日本企業の DX 推進における問題点をあげてきたが、日本は中小企業も含めてまだまだ潜在能力が高い。外部ベンダに依存していた過去の状況を払拭し、失敗を恐れず、次々と DX にチャレンジしていく企業が増えることを期待していきたい。

参考文献

【1】 Stolterman, E., Fors, AC. (2004) "Information Technology and The Good Life" *Information Systems Research*, pp.687-692

【2】 Rogers, L. (2016) "The Digital Transformation Playbook: Rethink your business for the digital age" *Columbia University Press*. （邦題：『DX デジタルトランスフォーメーション戦略立案書』　白桃書房）

【3】 Westerman, G., Bonnet, D., Mcfee, A. (2014) "The Nine Elements of Digital Transformation" *MIT Sloan Management Review 2014*. Vol.55, No.3, pp.1-6.

【4】 青木昌彦「比較制度分析序説　経済システムの進化と多元性」（講談社、2008）

【5】 青木昌彦「青木昌彦の経済学入門　－制度論の地平を拡げる」（筑摩書房、2014）

【6】 市川類「なぜ、日本のデジタルイノベーションは遅れているのか」（一橋大学イノベーション研究センター、2020）

【7】 経済産業省（2018）「DX レポート」
https://www.meti.go.jp/shingikai/mono_info_service/digital_transformation/2018 0907_report.html

【8】 経済産業省（2020）「DX レポート 2」（中間とりまとめ）
https://www.meti.go.jp/press/2020/12/20201228004/20201228004.html

【9】 経済産業省（2021）「DX レポート 2.1」（DX レポート 2 追補版）
https://www.meti.go.jp/press/2021/08/20210831005/20210831005.html

【10】 情報処理推進機構(IPA)（2021）「DX 白書 2021」
https://www.ipa.go.jp/ikc/publish/dx_hakusho.html

AIによる自動運転の発展性の一考察

増本　貴士

1．はじめに

　本節では、AI（Artificial Intelligence：人工知能）による自動運転を考察し、現状分析から今後考えるべき問題点を整理することで、自動運転の発展性を論じる。

2．自動運転の実証実験事例と法整備

　2016年8月より、ディー・エヌ・エーは商業施設や工場、大学構内等の私道を走る自動運転無人バスの運行を始めた[1]。また、宮城県仙台市では災害危険区域等でGPSやミリ波レーダー等で自動運転を実現した無人ロボットタクシーの実証実験を行った[2]。2019年10月には千葉県幕張メッセで開催された産業総合展「CEATEC」の企画の1つで、同展の来場者が試乗した[3]。

　法整備では、平成30年度から令和2年度にかけて、道路運送車両法や道路法等の諸法を改正し、自動運転に係るガイドライン等の策定・改正をしている。特に、2019年5月、道路運送車両法を改正し、自動運転車等の安全性を確保するための制度（保安基準対象装置への自動運行装置の追加等）を整備した。2020年9月、道路運送車両法施行規則を改正し、超小型モビリティーに係る基準の整備及び特区法の改正に伴う制度整備を行った。

　このように、自動運転は実証実験が日本各地で行われ、法整備も進み、今後の移動手段に大きな貢献ができると期待される。

3．AIによる自動運転の世界的な基準

　AIによる自動運転には、世界的な基準があり、米国自動車技術者協会（SAE）が定める6段階である[4]。端的にいえば「どれぐらい自動で運転してくれるのか」という内容に応じたレベルがあり、また、運転支援と自動運転は違うもので、レベル2までを運転支援、レベル3以降を自動運転と区切っている。そのレベルでの自動運転を考えることになる。

　①　レベル0（ゼロ）：運転自動化なし
　②　レベル1：運転支援
　　　速度とハンドルの「どちらか一方」を自動で運転するもの
　③　レベル2：部分運転自動化
　　　速度とハンドルの「両方」を自動で運転するレベルであるが、運転手（人間）によ

る監視が求められ、一般道を走ることができるレベルではない
④　レベル3：条件付き自動運転化
　　場所や天候、速度等の条件が含まれるが、一定の条件下では運転手が監視をしなくてもよい自動運転ができる（緊急時に備えて運転手は必要）
⑤　レベル4：高度運転自動化
　　特定の条件下や限定的なエリア内で、運転手が不要になるレベルであり、道路や標識、信号、地図といった道路インフラとのデータリンクが必要
⑥　レベル5：完全運転自動化
　　何の制限をかけることなく、場所に関係なくシステムが運転し、人間が運転に介入することはなくなる

　最重要なことは、自動運転は AI のプログラムが主体となってすべて動くので、ハッキングによってシステムが乗っ取られると事故の原因になる。現在でも、スマートキーを悪用した盗難が起き、技術者と窃盗犯とのいたちごっこがあるので、ハッキング対策は万全にすべきである。

4．AI による自動運転の技術

　自動運転の技術は、ヒト・モノの流れを効率化する新たな社会インフラとして普及が期待されている。日本をはじめとする先進国では多くの車種で ADAS（Advanced Driver-Assistance Systems：先進運転支援システム）など運転者の操作を支援する技術が既に搭載されている。
　自動運転で必要となる機能と技術は、人間でいう目や耳の「知覚」、脳の「認知・判断」に例えられる。

　　知覚（人間でいう目や耳）
　　①　V2X：自動車同士や自動車と交通システム間で行う通信のこと
　　②　ミリ波レーダー：周囲の車両や障害物との距離や相対速度などを測る
　　③　画像センサー：道路上の白線や前方の物体を詳細に識別する
　　④　LiDAR：レーダーで対象物をスキャンし、方向と距離を測る

　　認知・判断（人間でいう脳）
　　①センサーフュージョン：複数のセンサーからの情報を組み合わせ、個々のセンサーの欠点を補足
　　②ADAS：複数のセンサー等から得られる情報を処理・判断し、操作機能に指示を出す
　自動運転には、自動車が運転手に代わって走行環境や車両の状態を的確に把握することが求められるが、「知覚」「認知・判断」でのセンサーが非常に重要になり、単一のセンサ

ーでこれを実現することは困難である。標識や白線等を画像認識するカメラ、障害物との距離を測るミリ波レーダー、それらを補う LiDAR（レーザー光の反射で対象物との距離を検知するセンサー）等の機能や特徴が異なるセンサーが多数必要になる。搭載された複数のセンサーが収集した情報を、SoC（System on a Chip：CPU やメモリー等の周辺回路を1つのチップに集積した半導体素子）等を用いて抽出し、認知や判断の精度を高めるセンサーフュージョンの技術、統合制御ソフトウェアや車載 OS の開発も必須である。その開発には多くの人員と費用が必要となるため、複数の企業で協業の動きもあろう。自動運転のレベルが上がれば上がる程、センサーの搭載数は増加するので、より高度な自動運転の実現に向けて、車載システムや半導体の開発を手掛ける企業（ルネサスエレクトロニクス、デンソーなど）の動向も注目される。

5．AI による自動運転は交通事故と保険料を減らす

　AI による自動運転の最大のメリットは「交通事故の発生原因は“ヒューマンエラー”が9割以上で、それは誤操作や判断の誤り、安全不確認に起因するので、これらを防ぐことで交通事故を激減できる」ことである。それは、警察庁交通事故統計のデータを基に運転手の法令違反が事故原因だった死亡事故件数を全死亡事故件数に照らすと約9割となり、このデータが日本の自動車メーカーやビジネス情報誌に記載[5]され、「AI による自動運転で交通事故を減らそう」という PR になる。一方で、残り約1割は今の自動運転の技術で解決できないと考えることもでき、自動運転の技術が成熟して完全に安全が保障されるまでは Level4 や Level5 の自動運転を待つべきと考えることもできる。ただ、この考えに対しては、今後5年・10年でヒューマンエラーに起因する交通事故を99%無くせるとしても、1残り1%を無くすために、さらに15年・20年の技術開発の研究が必要だと仮定する。その長期間の技術開発の研究を行っている間に、99%無くせる自動運転の技術で減らせた交通事故被害者数と、100%無くせる自動運転の技術が完成した時までの交通事故被害者数を比較すれば、前者の方が少なくなるだろう。

　一方で、年齢によって無茶な自動車の運転で事故を起こす割合が異なることが警察庁の事故調査の結果から分かってきた。それは、若者（20代）と老人（70代以上）に事故率が高く（60代よりは20代が事故率は高い）、特に75歳以上になると、誤操作が多くなる。これが自動運転に代われば、目的地まで安全に移動できると期待される。さらに、自動車保険にもメリットがある。そもそも、自動車保険は事故率の高い人は保険料を高くし、事故率の低い人は保険料を低くすべきもので、一律の保険料になるのはおかしな内容といえる。これについては、保険各社が事故を起こしていない方には保険料を安くする（無事故の期間が長ければ保険料を割り引く）ようになっている。今後は無事故の期間が長ければ支払った保険料の一部の金額をポイント数と読み換え、そのポイントでプレゼントがもらえる保険を考える必要があろう。そこで、上記のように、事故率が高いのは老人（70代以

上）と若者（20 代）で、事故を未然に防ぐためにも、誤操作を防ぐアシスト機能が搭載された自動車、高速度の自動運転ができる自動車を購入することを推奨すればよい[6]。結果的に、高速度の自動運転ができる自動車は売れ、事故率は下がる。自動車メーカーは売りたい自動運転の自動車が売れ、保険会社は事故率が下がることで支払う保険金を減らすことができる。

6．AI による自動運転といわゆるトロッコ問題

　AI による自動運転は安全に自動車を運転するものだが、自動車以外の要因で交通事故寸前の問題が発生すると、どう判断して事故を回避、もしくは、被害を最小限にするか。これにはトロッコ問題を考えることがヒントになる。

　例えば、「AI による自動運転中の他者の自動車のブレーキが利かなくなった。もし、真っ直ぐ直進すれば横断歩道を集団で歩く 5 人に突っ込むことになる。でも、ハンドルは切れるので、ハンドルを切れば左側の歩道に乗り上げてビルの壁を背にしてスマートフォンで会話中の 1 人に突っ込むことになる。あなたは AI がどう判断すべきだと思いますか」というトロッコ問題である。

　AI はデータを多く読み込み、ディープラーニングをして学習していく。功利主義に基づくデータを多く学習したのであれば、被害を最小限にする"ハンドルを切る"ことを瞬時に判断するだろう。結果的に、これは 1 人を害する行動を意図的にとることになる。ここまでは、5 人を助けるために 1 人を犠牲にするのであるが、その 1 人が壁を背に話している「壁に突進する」ことになる。当然、車内に居るあなたは大怪我をする危険性が高く、骨折や流血状態になる。こうなれば、AI にハンドルを切ることを期待するだろうか。自分の身体にダメージを負いたくないだろうし、5 人に突っ込んだとしても、ブレーキが故障したという理由になり、自分の身体は無事である。すなわち、"ハンドルを切らない"ことを望むとなる。

　これは、経済学者のウィリアム・ロイド（William Lloyd）がアイディアの先駆者である市場の失敗に関する「コモンズの悲劇」（共有地の悲劇）に通じる。"どんなことがあっても自分を守ってくれること"を望むのは自己の利益最優先であり、自分が飼っている多くの羊に共有地の牧草を食べさせることになる。また、"事故の被害を最小にすること"を望むのは公共の安全を求めることだから、共有の利益にあたる。それは共有地で自分達の羊に牧草を食べさせ合うことになり、お互いに利益があることになる。しかし、各人が利益を求め（自己の利益最優先）、共有地の牧草を食べ尽くしてしまうことになり、共有の利益はなくなる。これらは、自分が車内に居るか居ないかで AI に判断して欲しいことが変わり、功利主義の被害を最小化するという共有の利益が損なわれることになる。

　また、ダニエル・カーネマン（Daniel Kahneman）はその人の気分次第で判断が変わることを「機会ノイズ」と名付け、人の生命にかかわるような重大な決断でも 180 度変えて

しまうことを指摘した。それは、上記のような判断でも、時間が経てば別の答えになる可能性があることを意味する。そのため、同じ人の判断でも時間が経つことで変わり、一定にならないことが考えられる。

　このようになると、AI による自動運転の自動車を作る自動車メーカー等は「顧客の安全を最大化する」ように AI にそういったデータを学習させるだろう。これは顧客からすれば「どんな時にでも、車内にいる自分を守って欲しい」と思うし、自分を守ってくれない自動車（すなわち、自分が大怪我をする、自分が死んでしまう自動車）を購入しようと思わない。そうなれば、車外に居る他者（歩行者等）のリスクを上げることになる。人がどう判断するかで考えることは多いが、AI がどう判断するかは学習するデータによるので、より複雑な問題になる。

7．おわりに

　AI による自動運転は、AI がどう判断するのか、責任は AI に完全にあるのか。自動運転の車が人に当たらない・引かないようにする実際の運転データを学習させた AI が搭載されると推測できるので、Level5 の完全自動運転で一般道でも自動運転ができる程の AI が今後の技術の発展やより複雑な学習を行って誕生すると考えられる。

注

注1）詳しくは、https://dena.com/jp/article/3150 を参照のこと（2022 年 1 月 26 日閲覧）

注2）詳しくは、http://platinum.mri.co.jp/sites/default/files/page/sendai_20160425.pdf を参照のこと（2022 年 1 月 26 日閲覧）

注3）詳しくは、https://www.chibanippo.co.jp/news/economics/635859 を参照のこと（2021 年 7 月 30 日閲覧）

注4）詳しくは、https://www.zmp.co.jp/knowledge/ad_top/info/level を参照のこと（2021 年 7 月 31 日閲覧）

注5）例えば、https://www.hino.co.jp/products/safety/ を参照のこと（2021 年 7 月 31 日閲覧）

注6）これは、ブレーキアシスト機能などが装備されている自動車の保険料は割り引かれる仕組みが既に出来上がっているので、これを参考にすればよい。

参考文献

【1】村上憲郎・服部桂・近勝彦・小長谷一之編著『AI と社会・経済・ビジネスのデザイン』（日本評論社、2020）

【2】ダニエル・カーネマン、オリヴィエ・シボニー、キャス・サンスティー著、村井章子訳『NOISE』（早川書房、2021）

「Come on Travel」今こそ経験経済を！出かける旅行から持って来る旅行へ

高田　直也

1．はじめに

　コロナ禍の影響により、観光旅行業界は大打撃を受けており、生き残りをかけていろいろ模索している。

　しかし、今後コロナ影響から回復した後は旅行需要の再拡大に伴い、観光旅行市場は日本国内は言うまでもなく、世界的に見ても経済成長に伴い「成長産業」として再び拡大をしていく予想である。

　実際に、コロナ影響前の旅行の日本における経済効果は 2016 年では観光消費額 26.4 兆円、雇用効果 459 万人、GDP の 5.0%あり、また世界においても経済効果 823 兆円、雇用効果約 3 億人、世界全体の GDP の 10%など自動車製造業をも上回る経済規模で社会を牽引する産業であった。

　ただ今後は以前と同じ旅行需要は少なくなり、スタイルも変化し、観光旅行業者が既存事業モデルのままでは市場として参入する機会は減るであろう。発想の変換がぜひとも必要であると考える。

　そこで、本構想は「旅行は行くもの」との認識から「旅行を持ってくる」へと発想を変えるものである。

　具体的には高齢や病気など様々な理由で旅行に行けない人々に、バーチャル観光を活用しつつ、本物を経験する経験経済の要素も取入れた新しい旅行構想である。つまり旅行をあきらめていた顧客層へ「移動する」「歩く」という壁を乗り越えて旅行の喜びを新たな形で提供する発想の転換である。これが持続可能な分野として将来有望な観光旅行事業構想「Come on Travel」である。

　また、この事業の主な対象となるのは高齢者を想定している。総務省の国勢調査等によると人口に占める高齢化率は年を追うごとに増加し、さらに平均寿命も延びている。そのため、本事業の対象とする市場として、成熟した日本市場には珍しく有望であり、また心理療法等にも活用できるなど、他分野との連携性と発展性もある。

2．旅行業界の現状

　次に旅行業界の現状について認識をしてみる。

　2020 年 2 月中旬からのコロナ禍により旅行業は大打撃を受けた。

　下記図表 1 は令和 3 年度版観光白書より旅行業予約人員対 2019 年同月比の 2020 年～

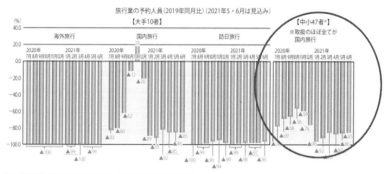

図表1　予約人数

（出典：令和3年版　観光白書）

2021 年での状況だが、旅行業界が大きく打撃を受けているのが分る。特に左赤丸の中小企業は 2021 年 1 月〜6 月では 2019 年比で見込みを含め▲96%〜▲85%と深刻な状況である。

　こういった状況が続く中、観光旅行業界は何とか事業存続と雇用確保に力を注いでいるが、コロナ禍の影響により社会スタイルが変わり、以前と同じ旅行需要は１００％元通りにはならず、コロナ影響前の旅行スタイルとは違った価値観での旅行需要が現れてくるであろう。しかし、なお人々が旅行に行きたいという欲求は変わらず、むしろ強まっている。

　観光旅行業界も従来の発想を変え、社会ニーズに応えていくことや新しい市場を創出する重要な時期である。

3．今こそ経験経済を活かした新しい旅行を新しい顧客に

　そこで、今こそ「経験経済」を取入れ、観光ツーリズム産業として変身（トランスフォーメーション）しなければならないと考える。

　経験経済は簡単に言うと、物の品質のみならず、「こと」を経験することで喜び・満足を提供し付加価値を生む経済である。典型的な例がスターバックス（空間を売っている）や高級ホテル（洗練されたサービス）で飲むコーヒーや TDR（夢や非現実の世界を綿密な演出で経験価値を提供している）を思い浮かべてみればイメージし易い。

　この「経験経済」は約 20 年前に、アメリカの 2 人の学者パイン＆ギルモアが提唱したものであるが、今こそ旅行をより経験価値に置き換え、サプライヤーと購入者双方に恩恵をもたらす Win-Win が必要な時だと考える。

　下記図表 2 が経験経済を取入れた新しい旅行「Come　on　Travel」構想イメージ図である。

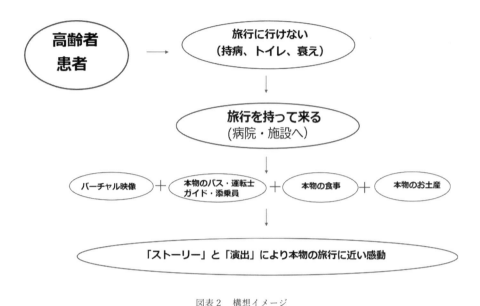

図表2　構想イメージ

（筆者作成）

　本構想の対象顧客は施設入所の高齢者の方、病気等で入院している患者の方で、比較的
元気なのだが様々な理由で旅行に行けない人々をイメージしている。
つまり今まで顧客ではなかった「新しい顧客」なのである。

　コロナ影響で盛んになったバーチャルを活用しながら、人による本物のサービス・食事・
お土産・おもてなしを交え、それらを予めドラマのように「ストーリー」と「演出」を綿
密に練り上げて、旅行の感動を経験してもらうことであり、新しい顧客は旅行に行かなく
ても、参加者としての旅行の喜びを経験してもらうことにある。

　日本の人口は年々減っており、既存の旅行顧客である生産年齢人口と想定した場合、旅
行市場は減少することとなる。しかし、本構想での顧客にあたる高齢者は高齢化率の上昇
に伴い年々増加している。下記図表3は国土交通省国土計画局が予想した日本の人口の推
移であり、人口減による日本経済市場の縮小が予想されている中、本構想想定の旅行市場
は高齢化に伴い拡大していくと予想される。

　総人口が2025年に向け約3,300万人減少してるのに対して、65歳以上の高齢人口が約
1,200万人増加してるのが対照的であり、高齢者市場の有望性を表している。

　また、現代人がどれだけ心の豊かさを求めているのを示す興味深いデータがある。2019
年6月の内閣府世論調査にある「これからは心の豊かさ、まだ物の豊かさか」に関する
調査である（図表4）。

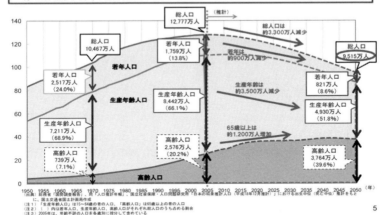

図表 3　日本の総人口
（出典：平成 23 年国土計画局「国土の長期展望」中間とりまとめ概要）

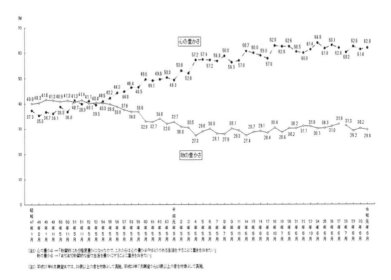

図表 4　これからは心の豊かさか、まだ物の豊かさか（時系列）
（出典：令和元年度内閣府世論調査）

　このデータからわかるように、現代の人々は心の豊かさを物の豊かさよりも求める傾向が強いことがわかる。心の豊かさを得る有効な手段が旅行であり、観光庁の旅行による効用調査でも「気持ちが明るくなる」・「人生を楽しむという気持ちの面が向上した。もっと元気になりたい」などの調査報告がある。（観光庁資料「旅行による効果の検証結果のとりまとめ」）

　そして、普段元気な人々が加齢や疾病による施設入所や入院になったとしても、心の豊かさを求める欲求は持続することが多いと考える。むしろその欲求は行動に不自由があるため、より強くなるのではないだろうか？

4．おわりに

　今後の観光ツーリズム産業においては、観光の持つ価値や効用を実際に旅行する人々はもちろん、様々な理由で実際の旅行に行けない人々が感じられるようにすることも必要である。そのためにも蓄積してきた実務ノウハウと「経験経済」を結合し、人々の健康への貢献と、事業持続発展を実現することが重要である。

　人間は生存するためだけでなく、いつの年代やどのような状況でも「幸せ」を求め、掴んでいくことが生きる力の糧となるものだと考える。その「幸せ」をもたらす有効な機会が観光ツーリズムと強く感じる。

高齢者サービスのマーケティングとサービス提供

伊達　宗弘

1．はじめに

　我々が多くのサービスを購入する際には、モノ商品という有形の部分とサービスの無形の部分を共に購入している。例えば、フランス料理店で食事をする場合には、フランス料理という有形の部分と、我々が満足するような無形のサービスを受けている(注1)。高齢者を対象とするサービスやモノ商品を提供する場合には、高齢者の身体、意識や能力等の面からサービスの無形の部分を手厚くする必要がある。高齢化は、医療、小売り、外食、旅行などのこれまでのサービス内容を、部分的に高齢者に適したサービスに転換していくことで、新たなサービスを生むことができるのである(注2)。

　本報告では、最初に、サービスの特徴とサービス・マーケティング・ミックスの説明を行い、高齢者のニーズについての説明を行う。そして、主婦層に特化した筋力トレーニングのサービスを提供するカーブスを例に挙げて、サービス・マーケティングの観点から、女性高齢者のニーズをうまく捉えるポイントは何なのかを考察する。また、今後、高齢者を対象としたサービスのマネジメント・システムを検討していくために、何をすべきかを示す。

2．サービスの特徴について

　従来、サービスの特徴として、IHIP という概念が主張されてきた。IHIP とは Intangibility(無形性)、Heterogeneity(異質性)、Inseparability(不可分性)、Perishability(消滅性) の4つの特徴をまとめたものである(注3)。しかし、現代ではインターネット関連のサービスやセルフ・サービスの技術がこの概念で扱うことができるのかという疑問が提示され、見直しされて、いくつかの研究発表がなされている。ここでは、近藤隆雄がいう一般的なサービスの特徴として、無形性、生産と消費の同時性、結果と過程の重要性、顧客との共同生産の4つを挙げることとする(注1)。無形性とは、サービスは活動であり形を持たないということである。そのため、流通や在庫ができない、また品質がばらつくという特徴がある。生産と消費の同時性は、対人サービスの場合、顧客はサービスが行われるその場に存在していなければならないということである(注1)。例えば、歯の治療をする場合には、歯科病院に行き、そこで歯医者は我々に診療というサービスを生産し、同時に我々は治療というサービスを受ける。結果と過程の重要性は、顧客は結果と過程をともに経験してその両方が重要となることである。例えば、腕の良い歯医者であっても、診察

過程で乱暴な扱いをするような歯医者へは行きたくない。顧客との共同生産は、歯の治療
中に、我々は頭をじっとして、口を開けて歯医者の治療に協力して、歯医者の治療サービ
スの生産に参加していることである。

３．サービス・マーケティング・ミックスについて

　企業が市場にモノ商品やサービスを提供する際に、その販売活動に関連して決定してお
くべき主要な要因のまとまりをマーケティング・ミックスと呼ぶ(注 2)。モノ商品では、
マッカーシーの 4P すなわち、Product(製品)、Place(場所または流通)、Promotion(販売促
進)、Price(価格)の４つがある。サービスの場合は、これらの 4P にコトラーがさらに３つ
の P を付け加えて、サービス・マーケティング・ミックスの 7P とされている。この３つ
の P とは、People(人)、Process(提供過程)、Physical evidence(物的要素)である。特に、
People(人)は対人サービスでは重要なマーケティング要素である。我々は上手い料理人の
店に行くし、腕の良い理髪店に行くのである。Process(提供過程)も重要である。ファース
トフード店や高級フランス料理店では、サービスの提供過程も異なっている。同じ食事の
経験でも、顧客の期待は大きく異なる。Physical evidence(物的要素)は、これから購入しよ
うとするサービスの質を憶測する場合の手がかりとなる。例えば、宿泊するホテルの外観
や絵画、備え付けの調度品やボーイの服装などで、そのホテルのサービスの質を憶測する
ことができる(注１)。

４．高齢者のニーズについて

　国連の世界保健機関(WHO)の定義では、65 歳以上を高齢者と定義しており、本報告書
もそれに準じる。個々の高齢者の趣味は多様化しており、そのニーズをひとまとめにする
ことはできないが、高齢者の顧客分析から、傾向として次ページの図表１のようにまとめ
ることができる(注 4)。横軸は年齢と虚弱度を表している。70 歳を原点としているのには、
２つの理由がある。１つは 70 歳ぐらいより虚弱化の進行が顕著になるためである。もう１
つは、団塊の世代が丁度 70 歳を超えたばかりであり、この前後でライフスタイルが大き
く変わると考えられるためである。高齢者を分析する際には、60〜65 歳までを高齢者予備
軍として、「60〜69 歳」「70 歳以上」と２つに分けるのが良い。図表の縦軸は経済的余裕
を示し、「就労している、あるいは生活に余裕がある（以下、富裕層）」の比較的に余裕が
ある層を正側に、「未就労あるいは普通の家計状態（以下、普通）」の層を負側にしている。
60 歳〜69 歳までの A と B の象限は、「生きがいニーズ」が強く、消費対象となる趣味や趣
向は、通常のシニア層（50 歳代以上）とあまり変わらない。B 象限の「未就労・普通」は
貯蓄を崩して消費に充てる傾向があるのに対して、「就労・富裕層」の A 象限は稼いだ分
を消費に充てる傾向がある。70 歳以降は体が虚弱化し、自分が高齢者であるという自覚が

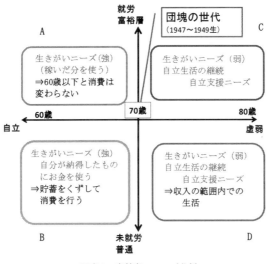

図表1　高齢者のニーズ分析

（筆者作成）

あり、周囲の人、家族に迷惑を掛けたくないという「自立生活の継続」が重要な課題となる。楽しみたいという需要もあるが、活動的な楽しみは減少する。特に、D 象限の高齢者は収入の範囲内での楽しみに抑えられる。高齢者の市場を考える際には、「自身の健康状態」「家庭の経済状態」を踏まえて、「生きがいニーズ」「自立支援ニーズ」を考える必要がある(注4)。

　この高齢者の「生きがい」は、「自己実現的生きがい」「対人関係的生きがい」に分けることができる。「自己実現的生きがい」は生活のための職業活動や子育ての家庭の維持活動を離れ、個人の人生の意味を実感できるような活動である。また、「対人関係的生きがい」は家族・友人・志を同じくする仲間とともにいることが、強い生きがい感をもたらすことである。高齢者の場合、「自己実現的生きがい」を見つけそれを求め続ける人は少なく、大半の人は「対人関係的生きがい」を求める(注5)。高齢者の真のニーズは、決められた経済状況の中で、いつまでも健康で活動的に日々を楽しみ、生きがいを持ち続けたいということである。健康は、生きがいを目的とするための一つの手段といえるのである。

5．カーブスについて

　カーブスは、世界 86 カ国・地域で展開する世界最大の女性専用フィットネスチェーンである。日本では、カーブスは主婦層をターゲットにした体操教室と認識されている。運営するカーブスジャパンの説明資料には、単なるフィットネスクラブではなく、地域密着

型のコミュニティビジネスであるとしている。2016年6月の時点で、全会員の60％以上が60歳代以上であり、高齢者の利用が多い(注6)。インターネットの情報から、図表3にサービス・マーケティング・ミックスの7Pについてまとめる（注7）。一般的に、認知症やフレイル防止には、有酸素運動と筋力トレーニングが有効であるといわれる（注8）。サービスは生産と消費が同時に行われるため、時間・場所が重要な要素となる。カーブスは予約不要で、好きな時間に来て、12台のトレーニング器具で、30分間のサーキットトレーニングを行う。ターゲットが主婦層のため、平日の朝や昼間を営業時間としている。また、立地場所も主婦の生活圏内にあり、買い物の途中で、ちょっと立ち寄るような感覚である。カーブスでは、ほとんど、待ち時間なしにトレーニングに参加することができる。また、30分間のトレーニングのため、あまり汗をかくこともない。化粧直しを行う必要がないため、教室内には鏡を設置していない。また、男性スタッフもいない。それに、他のトレーニングジムに比べて低価格である。

　トレーニングの目標設定にもノウハウがある。インストラクターは「体重を落としたい」「元気になりたい」といった抽象的な目標設定ではなく、「同窓会でハツラツとしたい」「旅行で足手まといになりたくない」など、具体的な目標設定を行い、コミュニケーションを取りながら高齢者のモチベーションを高める。また、会員を名前で呼んでいる。「○○さんの奥さん」、「○○ちゃんのお母さん」として暮らしてきた高齢女性にとって名前で呼ばれるのは「非日常」の経験であり、喜びでもある(注7)。そのため、インストラクターに対して親近感がわくとのことである。このように、インストラクターが要であり、その人材育成に重点が置かれている(注7)。また、口コミでの入会がほとんどである。高齢女性にインタビュー調査していると、○○さんと一緒のカーブスに通っているという話を良く聞く。

Product(サービス)	主婦層をターゲットとした、女性専用のマシン12台による、トータル30分のサーキットトレーニング（マシン12台の間にステップボード12枚あり）
Place(場所または流通)	使用者の生活圏内
Promotion(販売促進)	口コミが中心として（チラシ・看板・テレビCMもあるが、入会者は口コミ中心）
Price(価格)	￥5,700〜￥6,700　通常のジムが￥10,000以上
People(人)	女性インストラクターは、情報収集者でありカウンセラー　インストラクター育成に重点を置く
Process(提供過程)	予約不要　具体的な目標を立たせて、会員のモチベーション維持を行う　営業時間は、平日10時〜19時、土曜は13時まで、日曜祝日は休み
Physical evidence(物的要素)	簡素化したジムスタジオ（最大24名が運動可能）約40坪のトレーニングジムとしてのマシンのみ（シャワールーム・化粧室・鏡がない、男性がいない）

図表2　カーブスのマーケティング・ミックス　（7P）
出所）https://diamond.jp/articles/-/130679?page=4
（早稲田大学ビジネススクール教授　山田英夫）、
http://www.mainichi-books.com/curves/pdf/curves_201809-2.pdf
（株式会社カーブスジャパンのカーブス概要説明資料）引用して筆者作成

地域のカーブスが、ご近所の高齢女性のコミュニケーションの場にもなっているようである。これらのように、高齢者の生きがいである「自己実現的生きがい」「対人関係的生きがい」という2つのニーズをうまく捉えている。

6．カーブスのサービス・マネジメント

　高齢者に対するサービスで重要となるのが、サービス提供者のコミュニケーション能力である。サービスの特徴である、結果と過程の重要性、顧客との共同生産の視点で、高齢者のこの「自己実現的生きがい」「対人関係的生きがい」のニーズをうまく捉えて高齢者のモチベーションを引き出さなければならないのである。サービス提供が対人関係の中で行われるため、客観的効用、すなわち、体重が減ったとか健康を取り戻したという効用だけではなく、高齢者の主観的な感覚や感情がサービスの提供過程に入ってきて、顧客ロイヤリティを生んでいるのである。

　図表3は、ハーバード・ビジネススクールのサービス研究グループが提案したサービスの顧客価値についての公式である（注2）。カーブスの場合、公式の分母の「価格」は、一般のトレーニングジムより安い。また、カーブスが主婦の生活圏にあるため、交通費は不要、時間も30分と非常に短く、化粧直しの手間など煩わしい時間がないのである。このように、顧客が「サービスを消費するための諸コスト」は非常に低い。通常のトレーニングジムに通うことを考えれば、非常に小さな分母となる。また、カーブスは東北大学加齢医学研究所と共同研究を行いサーキットトレーニングにより"認知機能"や"活力"の向上効果がある、すなわち、「顧客にもたらした結果」を科学的に証明している(注9)。「過程の品質」においてもインストラクターのコミュニケーション能力により、高齢者のモチベーションを維持させて、顧客満足を高めている。そのため、分子は大きく、結果、サービスの顧客価値は高いものとなる。

　接客場面で満たすべき顧客の欲求として、シュナイダー等が3つの欲求を挙げている。安全の欲求、自尊の欲求、公平に扱われたいという欲求である。カーブスのトレーニングは、中程度の運動負荷（最大心拍の約70％）であり、短時間の運動である。各個人の体力を考え指導するという、カスタマイズがなされ、個々の安全の欲求は満たされる。インストラクターとの会話により大切に扱われているという自尊の欲求が充足される。また、サーキットトレーニングにより周りの顧客も同じメニューのトレ

$$\text{サービスの顧客価値} = \frac{\text{顧客にもたらした結果}\ +\ \text{過程の品質}}{\text{価格}\ +\text{サービスを消費するための諸コスト}}$$

図表3　顧客価値の方程式
出所）近藤隆雄[2015]『サービス・マーケティング[第2版]』

伊達　宗弘

$$\text{サービスの収益性} = \frac{\text{マージン} \times \text{再利用回数}}{\text{投資額}}$$

図表4　サービス収益性の方程式
出所）近藤隆雄[2007]『サービス・マネジメント入門[第3版]』

ーニングをしており、公平性の欲求も満足している。これら3つの欲求は、充足され
ているのである。

　図表4はサービスの収益性を表す公式である(注1)。サービス・ビジネスでは、再利用
顧客が収益の源であるとしている。一般的に、サービス事業においては、リピーターを維
持することが、初めての顧客より格段に大きな利益をもたらす。リピーターの場合、経費
を低減することができるからである。幽霊会員で収益をあげるトレーニングジムがあるが、
カーブスの場合、休みがちな人への電話連絡など親密なコミュニケーションを心掛けてい
る。結果的に、それが幽霊会員、退会者を減らし、しいては再利用回数を増やすこととな
るのである。

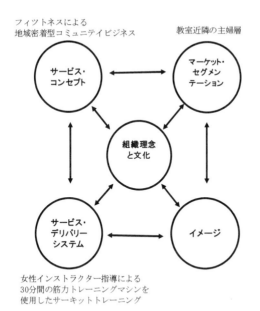

フィットネスによる
地域密着型コミュニテイビジネス

教室近隣の主婦層

女性インストラクター指導による
30分間の筋力トレーニングマシンを
使用したサーキットトレーニング

図表5　サービス・マネジメント・システム
出所）近藤隆雄[2007]『サービス・マネジメント入門[第3
版]』に筆者追記

7．考察

　図表5は、リチャード・ノー
マンの高品質のサービスを生
み出す「マネジメント・システ
ム」の枠組みに、筆者がカーブ
スの例を追記したものである
(注1)。ここで、マーケット・
セグメンテーションは、サー
ビスの対象となる顧客グルー
プを表す。サービス・コンセプ
トは顧客に提供するサービス
商品である。サービス・デリバ
リー・システムは、人、モノ、
技術によってサービスを提供
する仕組みであり、大きく2つ
に分かれる。直接顧客と接し
てデリバリーする部門と、サ
ービスを生産するオペレーシ
ョン部門である(注2)。組織理
念と文化は、サービス生産活

動を導き統制する諸原理や価値観であり、従業員の行動に影響を与える（注1）。イメージは、顧客や外部関係者や従業員が企業やサービスに対して抱く印象や観念である（注1）。この報告書では、カーブスのマーケット・セグメンテーションやサービス・コンセプトならびにサービス・デイバリー・システムのデリバリー部分について述べたに過ぎない。しかし、サービスを考える際には、デリバリー・システムのオペレーションやその企業の組織理念と文化やイメージを含めた全体で考える必要がある。特に、組織理念や文化は、マネジメントの中央にあり、どの項目にも影響している。カーブスはアメリカ発祥であるが、日本においては、介護予防や認知予防効果の検証を行い、高齢者に適応したサービスを行っている。サービス・コンセプトやセグメンテーションの社会環境への適応と、サービスのコアである組織理念や文化の醸成が相互に影響を与えていることが、カーブス成長の持続理由と考える。

8．今後の予定

　本報告では高齢者のニーズを捉えて成長するカーブスを例に挙げて、その取り組みが高齢者のニーズ、サービス・マーケティング・ミックスやサービスの公式に適合していることを示した。今回、インターネット情報から、カーブスのサービス・デリバリが、顧客のニーズに適応しているという説明を行った。しかし、本来は、主婦層や高齢者に対するアンケートなどから、カーブスのサービスの満足度の評価を定量的に求める必要がある。そして、それに基づき、サービスを生産するオペレーションのシステムを論じなければならない。

　例えば、図表5に示した、マーケット・セグメンテーションやサービス・コンセプトについては、図表6の実施内容や項目により定量評価することができる。マーケット・セグメンテーションやサービス・コンセプトは、アンケートやインタビュー調査を行い、因子分析やクラスター分析などの多変量解析、F検定・t検定などの各種検定を用いて評価する。また、本節第4項で示した高齢者のニーズを前提に、STP（セグメンテーション・ターゲット・ポジショニング）の分析やローターボーンの4C分析を行い、それらを具体化する。4C分析は、顧客側視点でCustomer　solution（顧客ソリューション）、Customer cost（顧客コスト）、Communication（コミュニケーション）、Convenience（利便性）の観点で分析することであり、マーケティング・ミックスを明確化するのに有効である（注11）。ここでは、手法の代表としてSTPと4C分析、新QC7道具、多変量解析を挙げているが、当然、他の様々な手法で分析することも可能である。サービス・デリバリー・システムについても、サービス・マーケティング・ミックスの7Pや上記のサービスの公式だけではなく、その他の手法を用いて具体的なサービス・モデルを検討して、PoC（概念実証）を実施評価する必要がある。サービスの品質評価についても、顧客のサービスに対する期待と、実際の経験を対比して評価する具体的な方法であるSERVQUALを用いて評価することが

サービス・マネジメント・システム	実施内容	実施項目	手法
マーケット・セグメンテーション サービス・コンセプト	ニーズ把握	インタビュー調査	STP 4C分析 新QC7つ道具 多変量解析
	ニーズ検証	アンケート調査	
サービス・デリバリ・システム	サービス検討	サービス・モデル検討	各種発想法 マーケティング・ミックス 7P サービスの公式 SERVQUAL ビジネスモデル・キャンバス
	実現性検証	PoC(概念実証)にて検証	

図表5　サービス・マネジメント・システムの実施内容

（筆者作成）

望ましい(注1)。

　今後、高齢者を対象としたサービスや商品を提供する企業と共に、以上のような定量的な仮説検証を行い、サービス・マネジメント・システムの研究を行いたい。また、製造業のサービスについても、科学的手法を用いて分析していきたいと考える。

注

注1　近藤隆雄[2007]　引用して参照

注2　近藤隆雄[2015]　引用して参照

注3　近藤隆雄[2017]　引用して参照

注4　伊達宗弘[2020]　引用して参照

注5　谷口幸一・佐藤眞一　[2010]　引用して参照

注6　http://www.mainichi-books.com/curves/pdf/curves_201809-2.pdf
　　　（株式会社　カーブスジャパンのカーブス概要説明資料）

注7　カーブスの特徴については、
　　　https://diamond.jp/articles/-/130679?page=4
　　　（早稲田大学ビジネススクール教授　山田英夫）を引用して参照した

注8　鈴木隆雄　[2015]　引用して参照

注9　https://www.atpress.ne.jp/news/221273　引用して参照

注10　B・J・パインⅡ、J・H・ギルモア　[2005]　引用して参照

注11　梅村彰[2018]参照

参考文献

【1】梅村彰『製造系中小企業のサービス化戦略に関する研究』［2018］

【2】近藤隆雄『サービス・マネジメント入門(第3版)』(生産性出版、2007)

【3】近藤隆雄『サービス・イノベーションの理論と方法』(生産性出版、2017)

【4】近藤隆雄『サービス・マーケティング(第2版)』(生産性出版、2015)

【5】鈴木隆雄・島田裕之・大渕修一　監修『完全版　介護予防マニュアル』(法研、2015)

【6】伊達宗弘『IoT化高齢者商品による経験価値の創出』(大阪市立大学院都市経営研究科修士論文、2020)

【7】谷口幸一・佐藤眞一『エイジング心理学』(北大路書房、2010)

【8】B・J・パインⅡ、J・H・ギルモア『「新訳」経験経済』(ダイヤモンド社、2005)

AI によるメンテナンス予測に関する研究

中村　芳信

1．モノづくりはコトづくり

　昨今、「モノからコトへ」という言葉をよく耳にする。人々のマインドが、モノを保有することに対する価値よりも、経験や体験するコトの価値の方を高く評価するようになったということであろう。

　しかしながら、コトのためにはモノが必要であり、さらにその前提としてビジネスにおいては従来からモノづくりもコトである。すなわち、モノづくりというコトを通じて、製造業に従事する我々はそこで学び、自らの存在価値を確認し、そして同時に社会発展に寄与してきたのである。

　そこで本稿では、筆者が経営する金型メーカーをステージとして、これまでの製造業の振り返り、新たな AI 時代におけるメーカーのあるべき姿について考えることとする。

2．新たな付加価値

　AI 時代の今日、モノづくりにおいては新たに 2 つの付加価値が求められるようになっている。その 2 つとは、これまで蓄積してきた技術を基礎とした「Made in Japan の復権」と、継続的かつ統合的なマーケティングコミュニケーションのための「ブランドの確立」である。

　Made in Japan の復権においては、よく日本のものづくりの技術がクローズアップされる。確かに、ものづくりにおいて卓越した機械加工技術や熟練の匠の技は重要である。しかしながら、今日の日本に必要なのは、技術に加えて社会をみる動的な眼であると考えている。いわば、流れているものを的確にとらえる魚の眼である。スマート社会が現実化する中で、どの産業においても変革は必要であろう。我々、金型業界においても同様である。より正確でより品質の高い製品を産出しなければスマート社会では通用しない。例えば、自動運転を考えれば画像認識技術もさることながら、移動の根幹を支えるタイヤに求められる精密さは、これまでとは比べ物にならない。こういった社会の流れをどれだけ早く捉えるかが肝要になっている。

　次に、ブランドの確立である。確立のためにいくつかのサブドライバーがあるが、ものづくりにおいてはやはり、付加価値の向上とパートナーとの関係であろう。私は子供のころから創業者である父に連れられて、タイヤ金型の製造現場をよく訪れた。機械類の大きさと職人たちの緻密さのギャップに感じた高揚を今でも覚えている。だが、当時と今とで

は見据えるゴールが違う。これまでは受動的なビジネスであったが、今、我々が見据える将来像は、能動的なサポートビジネスへと転換した革新的なモデルだ。具体的にはビッグデータが内包された IoT プラッフォフォームと AI の連携により、多様なデータの相関関係から最適な製造条件を導き出し、顧客に提案できるビジネスモデルの構築を目指している。そのためにサブスクリプション事業に挑戦し、適切な利用条件を提案できるだけでなく、メーカーにも安全と安心、工程条件の最適化、生産ロスの低下、不具合低下の効果をもたらすものと見込んでいる。

3．AI 戦略

　まず、簡単に現状について整理すると、冒頭でも述べたが、筆者は金型メーカーを経営しているが、製造業の現場においては、まだまだ人的作業が中心であり生産性の向上につながるような取り組みは多くない。また、不良品による製造ロスや修理コストの発生など、原因の把握や可視化できていないことが多い。

　一方、弊社の現状を SWOT 分析により振り返ってみると、強みは独自のデータを保有していることである。顧客データ・製品データなど、時間軸も重視したデータ収集をかねてから推進してきた。この蓄積が大きな強みである。さらに機会としては、AI 技術や IoT ソリューションの成長がある。特に AI の発達は、ビッグデータの活用など製造業におけるメリットは計り知れないと考えている。

　そこで、この強みと機会を活かし、新たな AI 活用戦略を進めることとした。

　そのために、まずは質の良いデータの収集が必須である。質の良いデータを分析することで AI により的確な予測が可能になるからである。次に必要なのが良いデータを収集し分析するためのアライアンスである。中小企業 1 社では当然限界があるため、他社との共同によるデータ収集や、大学等の研究機関との連携による AI データ分析が重要なドライバーになるのである。

図表 1　3D スキャンによるデータ収集と点群データ

（筆者撮影）

中村　芳信

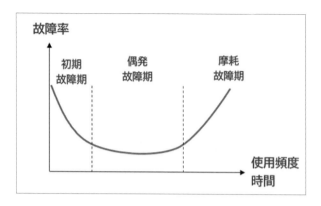

図表 2　バスタブ曲線

（筆者作成）

　これまで、摩擦や故障に関する理論は、バスタブ型で語られることが中心であった。バスタブ型とは、縦軸に故障率、横軸に使用頻度や時間をとると、使用開始間もないときは故障率が高いが、頻度・時間の経過とともに徐々に減少し安定期に入る。しかし、ある一定の頻度を過ぎると、再び故障率が上昇するというものである。その他、逆 S 字型や逓減型などもあり、故障率や摩耗率についてはこれまでも様々な研究がなされてきた。

　そこで弊社は、AI により摩耗や故障などを含めた最適メンテナンス予測システムを開発中である。他社とのアライアンスによる収集したデータと、弊社の出荷時およびメンテナンス時の測定データとを組み合わせて、機会学習によるシステムの構築を目指している。

4．AI システムによるビジネス

　システム運用のプロセスは 4 つのステップを想定している。まずは、実測データを収集することである。この作業を上述の通り、アライアンスにより進めている。次に収集データを AI システムにおいてに分析することである。このために産学連携等により研究機関と弊社とで分析を繰り返し実施する。さらには、これらの分析結果よりモデル化へと導く。そして最後に、予測値の精度を高めることである。これらのステップをサイクルすることで、水平的かつ垂直的な展開が可能であると考えている。

　この仕組みを弊社の事業であるタイヤ金型に当てはめて考えていると次のようになる。

　まず、これまではコンテナで圧力をかけて、アルミ金型に負担をかけてでもタイヤの製造を中心においていたが、本来は、必要以上に外圧をかけなくてもよく、そうすれば金型が変形することはない。しかし、メーカーは不良品をださないために、余分に圧力や時間を加えて製造してきた。そのために金型が変形してしまい、これがはみ出しのメカニズムにつながる。

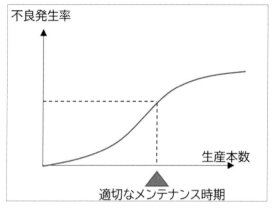

図表 3　メンテナンス時期予測

（筆者作成）

　そこで、３Dスキャンなど高性能立体測定器を活用してデータを収集する。さらに温度変化に対する、コンテナ・モールド・タイヤのそれぞれについてXYZ軸方向の形状変化量を 3D点群数値データで取得し立体的に把握する。そうすることで、加硫中のモールド内部変化や摩耗・変形の原因を具体的に可視化でき、不良発生の内的要因を抽出することができるのである。

　その結果、従来の金型修理・保守サービスよりも高度な診断・修理対応が可能となる。また、エラー発生後の修理・保守サポート事業から、動作中の機械やタイヤ品質向上のためのサポートが可能となる。すなわち、金型・コンテナのセットで最適値をメーカーに提案することができるようになる。これまで受動的であった補修ビジネス・サポートビジネスが、メーカーに能動的に提案するモデルへ転換できる革新的な事業モデルへとシフトチェンジすることができるのである。

5．オンリーワン企業になるために

　弊社は現在、チーム制および３交代シフトを導入している。この制度は何よりも社員のライフスタイルに合わせた労働を可能にしたいという考えから始めた。その先に、社員のモチベーションの向上につながればと期待している。また、この制度は企業経営においてもメリットがある。１つは製造ラインがこれまでよりも長時間稼働で、これまでよりも生産量を増加できるようなった。また、ラインの稼働時間が延びたことで、顧客に製品を届けるリードタイムも短縮することができる。これは製造チームだけでなく営業チームにとっても良き刺激になり、社内においてシナジー効果が生まれてきている。リードタイムの短縮と製品の質はトレードオフのように受け止められる場合もあるがそうではない。不良

による手戻りは結果として大きな時間と資源のロスを生むため、良品を安定的に生産することこそが、結果的にはリードタイムの短縮にもつながるのである。

　弊社には現場で腕を振るう職人以外にも営業担当者がいる。彼らは社会的に非接触型営業が求められる中においても、一人ひとりが工夫しどうすればリアルな現物を見せられるか、より製品のポテンシャルを伝えるにはどのような知識が必要なのかを自主的に学習している。彼らは顧客がバーチャルでなくリアルな現物をみて評価し納得し発注するということを熟知している。顧客との接点というところにおいては、IT を活用したコンタクトというものが主流になってくるであろう。しかしながら、メーカーと顧客の深いかかわりにおいてはリアルを何よりも重視しており、この点については今後も変わることはない。

　これら2つの接点で企業を支えてくれているのが社員である。そして、彼ら社員を支えるのが AI とデータマイニングである。事業に AI プログラムを実装することと並行して、社員にも AI の重要性を伝えていきたい。

　ものづくりにおいて、ユーザーの満足度は製品スペックの向こう側にある、製品メンテナンスに内在している。特に金型業界においてはそうだ。そのために、顧客の生産性を向上させる企業であり続けなければならない。我々は独自の技術によって可視化ができるという強みを持っている。我々が持っている強みやデータを生かし、メーカーと共にビッグデータ・AI を活用し社会発展に寄与する。その中で我々は、メンテナンスでオンリーワンの企業になるために、満足ではなく感動を与えられる企業を目指し続ける。

　そのためには、AI と同様、我々人間も学習し続けなければならない。行動することで経験や見識を蓄積していく。まさに"Learning　By　Doing"、やりながら学ぶとは、現場のためにあることばではないだろうか。

不動産の価値再生という事業

吉田誠二郎

1．不動産の特性

　現代は、モノ余りの時代になり多種多様な財をシェアする時代に入ってきた。日本政府が推進している領域では、モノ・空間・移動・スキル・金があるが、不動産という財は空間という領域だけに留まらず、すべての領域と関わっているといえよう。また、不動産は権利関係が複雑であるという特徴を有している。不動産の権利にはさまざまな種類があり、所有権、共有持ち分、区分所有、賃借権等があり、また借地権では法改正により借り手の立場を守る意味合いが強い旧法と、地主側の立場も守る新法があり、法改正以前の契約の種類が自動的に切り替わるわけではないため、現在は新旧両方の権利が混在している。

　このように、日本の土地法制や慣行から、流通しにくくなっている不動産も多い。たとえば、市街地には、度重なる相続による所有者不在の空き家、単体ではその価値を十分に発揮できない狭小土地、権利関係が複雑で自分の意思だけでは自由に開発することが困難な借地、底地、老朽借家、無造作に開発されたことによる再建築不可土地、不整形地など、さまざまな問題を抱えた土地、建物が数多く存在している。

　不動産が流通しなくなる理由は様々であるが、本稿では立地に絶対的価値があるという前提で検証していきたい。不動産購入の目的は、ほとんど投資用・実需問わず土地建物か、建物を建てる目的での土地購入である。したがって現行の建築基準法に則って建築できない土地は目的の実現に役に立たない性質であり、そういう意味で価値が低く市場で流通しにくい。

　筆者は、不動産事業を営んでいることもあり、上記のような事由により流通しにくい不動産において「価値を創出する」ということを通じて、地域ごとの再生にチャレンジしている。そこで個別の不動産の利活用が進め、地域のアメニティを向上させ、その地域の不動産価値を創出する要因は何であるのかについて考察を進めることとする。

2．外部性

　ここでは、「外部性（externality）」の視点から現在の不動産問題を考えてみたい。

　まず、外部性とは、ある経済主体の行動が取引をしていない他の経済主体に市場を経由することなくなんらかの影響を及ぼすことであると考える。市場を通していないのであるから、その影響は、市場では制御できないことになる。

　この外部性は２つあり、社会経済（周辺・近隣）にいい影響を及ぼす場合を、「外部経済

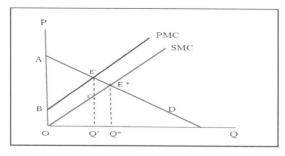

図表 1　外部経済のミクロ経済学的フレーム

（筆者作成）

（external economies）」といい、悪い影響を「外部不経済（external diseconomies）」という。前者の例としては、環境の整備や教育による社会への正の効果が挙げられる。後者の典型例は、様々な公害である。市場取引をしていないにもかかわらず、たまたま近隣に住んでいるだけで負の効果を被ることになるのである。

　個別企業の費用関数は、図表の PMC であると考える。これでは、生産量は、Q'しかできない。たとえば、環境に大変によい施設や技術製品のさらなる改良や普及にはコストがかかる。不動産でいえば、素晴らしい建物や歴史的建造物の保存は、近隣にいい影響をもたらす。そこで、費用の一部を地域社会が負担してあげることも考えられる。そのひとつが、補助金の支給である。補助金によって、個別企業は、より大きな生産量 Q*が実現することが可能となる。地域の街づくりでもこのことが表現できる。また、PMC の費用関数では、E'の均衡点で、総余剰は三角形 AE'B であったが、パレート最適点である E*では、総余剰は三角形 AE*O となり、総余剰が最大化しているのである。補助金行政はあまりいいイメージはないが、ここでみるように、外部経済が生まれるときには補助金が有効な手段といえる。ただし、どのような外部経済に対してどの程度の補助金が望ましいかは、図表 1 では、SMC と同じになると考えられるが、それを測定することは簡単なことではない。民間と自治体が協力して地域開発をしたり、民間同士が協力して開発しても、原理的には同じような効果が生まれることは考えられる。なぜなら、後述するプロジェクトのように近隣に正の効果が取引業者以外にも及ぶからである。

3．農地の利活用による価値創造

　現在、農業従事者の高齢化や後継ぎ問題等により増加する一方の耕作放棄地は全国の 8割を 3 大都市圏で占めており、その面積は約 34 万 ha にも及ぶ。また、2022 年に生産緑地の指定解除も加わり、より一層、準郊外・郊外の地域では耕作放棄地が増加するものと思われる。それぞれの農地において、道路の接道・土地形状等による資産価値は異なり、

総じて資産価値が低い状態のままになっているものが多い。このような状況において、民間の不動産開発業者は、立地の利便性、供給量の確保、規模による事業メリット等から、市街化区域内の農地を、事業として販売出来るかできないかの判断のみで、外部性を考慮することなく宅地化し、供給していった。その結果、各々使用目的が違う宅地と農地が入り混じっていることによって様々な建築物が入り混じり、騒音や日照問題等の外部不経済が発生した。現在の区域指定ではこのような流れを民間の会社に抑制させるのは困難である。

　そこで、人口減少が確実なら、区域問わず点在している居住地を、市街化区域に集めていき、市街化区域の農地を宅地化しコンパクトシティ化を進めたい。また市街化調整区域では農業を目的とした利用を明確にし、農地改革によって分散し、細分化されている農地を相互に交換分合を行い、農地を集団化することが合理的で望ましい。集団化された農地は競争力を持った経営農地に生まれ変わることができる。市街化調整区域でもアメリカのインセンティブ・ゾーニングのように居住区域をゾーニングすることによって、人口密度と一定規模により小規模ながらも商業施設を誘致し、都会と変わらない生活利便性が確保できる。耕地整理によって一定の道路幅も整備され、家から所有農地まで距離があったとしても、自動運転化によって解消するだろう。日本でも、このアメリカのインセンティブ・ゾーニングを参考として、1971年に「相互設計制度」が創設された。これは、市街地環境を良好な状態に保つために、建築物の周辺に十分な規模の公開空地として提供することを条件に、容積率緩和などのボーナスを与える制度である。

　このような考えをもとに、弊社はコンパクトシティの構築に向けて活動を開始した。具体的には、市街化調整区域の用地を区域設定し、地区計画という開発制度を活用して市街化に用途変更して、物流事業用地として企業を誘致するという事業である。この開発に伴う税収増や雇用機会の創出、荒廃農地の解消とその有効活用などを、物件が所在する市に提案したところ、その内容は非常に具体性がある有効な計画であるという評価を受けた。そこで、市の都市計画に関する都市計画マスタープランに、当該開発地を中心として、積

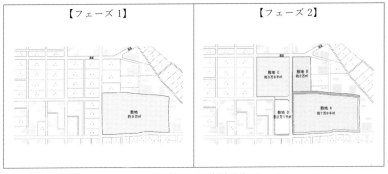

図表2　外部経済のミクロ経済学的フレーム

（筆者作成）

図表3　不動産アメニティ

（筆者作成）

極的にまちづくりを推し進めるエリアというように位置づけがなされたのである。

　現在では、土地の買収がさらに進み、行政との協議の途中で上記のような開発区域を広めていく話が加速している。市としては、一民間企業から始まった開発計画をきっかけとして、その周囲も含めて良好な街づくりを行いたいとの思いから、弊社に対し、隣接する土地も含めた拡大エリアで計画を実現させて欲しいとの要望をいただくに至っている。

　また、別の農地の活用として、太陽光パネルの建設という方法を採用し事業化を目指している。筆者は太陽光発電の建設ラッシュが一段落した後が、本格的な再生エネルギーの普及時期に入ると目論んでいる。つまり、太陽光は再生という大きな流れの突破口に過ぎず、「風力」・「バイオマス」とは別物であると考えているのだ。新しいＦＩＴ制度改正、すなわち国策（国の意思・時流）とは、分散型エネルギー社会と太陽光の普及であり、地域に根差したエネルギーソリューションの提供にあると考えるようになっている。地方には農地の他に森林資源の多い地域もあり、このような地域では補助的に間伐材を使ったバイオマスで電力自給を行い、排熱利用を行い、農業を振興させ地域振興へといざなうこともできよう。また水資源の多い村では、小水力発電により、電力自給を行い、これらを活かし、町おこしを行う。そして引いては地域振興を行い、限界集落を救うなどのスキームが、再エネに求められる将来像であり、これらに必要なソリューションを提供できると見据えている。

４．アライアンスの重要性

　弊社のような中小企業は、資金力や人的資本において大手企業に一社では到底及ばない。しかしながら、中小企業は地域事情や土地活用プランといった多くの知識・見識を有している。そして、このような一企業として保有している貴重なアイデアやノウハウを社会的に有意義なものにするには、ネットワークが欠かせない。事業規模の面からも中小企業が対応できる業態範囲は限られており、こういった個社の強みやノウハウを共有し、一社で

はできないことをアライアンスの力で成し遂げるような仕組みが重要になってくる。こういった企業としてのベネフィットに加え、コストの面からもアライアンスにより、必要なときに必要な能力やスキルを得ることができ固定費ではなく変動費化することができるのである。

ドラッカーのことばに「自身の強みを生かせ、弱みはその分野でNO.1の強みを持った会社と組め」というものがある。このことばは中小企業の核心をついていると経営者として感服する。つまり、不得意なことは、決して自ら手掛けてはならないということであり、中小企業が今後生き残っていくためのエッセンスではないだろうか。自分が得意としない仕事に直面した時、これは自分の仕事ではないと認めることができ、そのことを得意とする別の人間に一任する覚悟が肝要であると考えている。「有能な人間は自分がすべきではないことを知っている。故に、変化が生じた際には、柔軟に対応することができる」ということばを聞いて感銘をうけたことを今でも覚えている。このことばは個社のためにあるのではなく、社会の摂理であろう。特に不動産という取引においては、一般の消費者が取引にかかわることは一生で何度もあることではない。だからこそ、取引のプロフェッショナルである不動産企業が、社会への付加価値を考慮しなければならないのである。そうすることが、中小企業の社会的地位の向上につながるものと考えている。

　これまで不動産活用による地域活性化は、自治体の仕事と考えられていた。もちろん、地方公共団体が地域再生活動をすること自体は望ましいといえるがそこには限界がある。日本は私的財産権が保護されており、なかなか公共事業が進まないという現状もある。そこで、筆者のような民間事業者、中小企業が取り組むことで再生事業を促進させることができると考えている。

動的型付け言語と静的型付け言語に関する考察

大西　啓太

1．はじめに

　日本で古くから稼働している基幹系システムは、主にメインフレーム上で構築されており、主要プログラミング言語は COBOL である。筆者は IT エンジニアとして、主に COBOL で構築されたシステム開発に 20 年以上に渡り携わってきた。そんな筆者が、近年 AI（機械学習・深層学習）分野等に使用されることが多いプログラミング言語である Python（注 1）を勉強する機会を得た。

　指定の教本に従い学習を進めると、変数（注 2）の取り扱いに違和感を覚えた。Python の変数は動的型付けのため、事前に型宣言をする必要がなく、変数に値を代入することで型が決まるのである。それだけに、注意深く扱う必要があると感じた。

　そこで本稿では、プログラミング言語における「動的型付け言語」と「静的型付け言語」について考察したい。

2．Python を使用しての実例

　実際に Python を使用して簡単なプログラムを実行してみよう。

　まず初めに、図表 1 のように、変数 x に数字の 1、変数 y に数字の 2 を代入する。この時点で変数の型が決まり、値を格納するためのメモリ領域が確保され、値が格納される。当ケースの場合、変数 x も変数 y も int 型（整数）となる。x ＋y を実行すると、加算となり 3 が求まる。

　次に、図表 2 のように、変数 x に文字列の"1"、変数 y に文字列の"2"を代入する（注

```
x = 1
y = 2
print(x + y)

3
```

```
x = "1"
y = "2"
print(x + y)

12
```

（上）図表 1　Python 実行結果 1　（下）図表 2　Python 実行結果 2

（出所：筆者作成）

```
x :int = 1
y :int = 2
print(x + y)

3


x :str = "1"
y :str = "2"
print(x + y)

12
```

図表 3　Python 実行結果 3

（出所：筆者作成）

3）。1 つ目の例と同様にこの時点で変数の型が決まり、当ケースの場合、変数 x も変数 y
も str 型（文字列）となる。x + y を実行すると、今回は文字列の連結となり結果は文字列
の" 1 2 "となる。

　上記の 2 つの実行例から分かるように、変数 x 、変数 y も事前に型を宣言していないた
め、値を代入した時点で変数の型が決まる。その結果、同じ式を実行すると異なる結果が
得られる。筆者はこのことに違和感を覚えた。

　他のプログラミング言語である C 言語や Java 等では、変数を宣言する際に、図表 3 の
ように、データの型を明記する必要がある（注 4 ）。

　それでは、Python ではデータ型を全く意識しなくてよいのかと問われれば、そうではな
い。図表 4 のように、変数 x に数字の 1 、変数 y に文字の" 2 "を代入する。上記の 2 つの
例と同様にこの時点で変数の型が決まり、当ケースの場合、変数 x は int 型（整数）、変数
y は str 型（文字列）となる。x + y を実行すると、今回は異なる型が混在しているためエ
ラーとなる。

```
x = 1
y = "2"
print(x + y)

------------------------------------------------------------------
TypeError                          Traceback (most recent call last)
<ipython-input-3-a7bcadc6818f> in <module>
      1 x = 1
      2 y = "2"
----> 3 print(x + y)

TypeError: unsupported operand type(s) for +: 'int' and 'str'
```

図表 4　Python 実行結果 4

（出所：筆者作成）

　このように、異なるデータ型の変数を扱う際には注意が必要となる。また、Python はプログラム実行時にソースコードを1行ずつ機械語に変換しながらコンピュータへ命令を渡していくインタプリタ（interpreter）によってプログラムの実行が行われることが多い。そのため、プログラムを実行して初めてエラーが確認できる点にも注意したい。

3．動的型付け言語と静的型付け言語

　Python のように、言語変数などのデータ型の宣言が不要であり、プログラム実行時に変数のデータ型を自動判定してくれるようなプログラミング言語を「動的型付け言語」という。他に Ruby、JavaScript、PHP 等のプログラミング言語がある。

　反対に、変数の定義時にデータ型の宣言が必要なプログラミング言語を「静的型付け言語」という。静的型付け言語は、プログラム実行時に自動でデータ型の付与は実施されないため、変数の定義時に必ずどういったデータ型なのかを事前に宣言しておく必要がある。代表的なプログラミング言語として、C、C++、C#、Java、Go、Scala 、Swift、COBOL 等があげられる。

　それでは、動的型付け言語と静的型付け言語との違いはどこにあるのであろうか。

　動的型付け言語は、データ型の宣言を省略できるため、静的型付け言語に比べてソースコードが短くなる。型宣言の部分は、本質的なロジックには直接的には関係がない。したがって、手軽にプログラムを稼働させたい場合、型宣言部分のソースコードが長くなれば煩わしく感じるかもしれない。それゆえ、動的型付け言語は、プログラミングを学び始めるには手を付けやすいプログラミング言語といえる。

　一方で、動的型付け言語は、型宣言をしないが故に、「数値型変数に文字列を代入しようとしている。」といったバグやエラーは、図表4のようにプログラムを実行しなければ分からないというデメリットがある。静的型付け言語は、コンパイル時にエラーが出てくれるため、プログラム実行前にバグやエラー箇所を特定できる（注5）。

　また、動的型付け言語の場合は、プログラム内で変数を使用している個所が実行される都度データ型を判定する。その作業に対して余分にメモリを確保する必要があるため、静的型付け言語に比べ動的型付け言語の方が演算処理での処理速度は遅くなってしまう。

　以上のことから、動的型付け言語は、小規模、小人数での開発、あるいは開発スピード重視というプロジェクトに向いているといえる。限られたリソースの中で、とりあえず稼働するプログラムを素早く作りバグを潰していくという作業を繰り返し行うことができるからである。そのため、アジャイル型開発との相性も良いと考えられる。

　反対に、静的型付け言語が向いているケースとしては、大規模、大人数での開発、あるいはシステムを長期間にわたり保守していくプロジェクトがあげられる。システムが大きくなればなるほど、ソースコードの量が大きくなってもデータ型を明示した方が、安全性が優れているからである。特に大規模システムでは、最初にシステムを構築した IT エン

ジニアと同じ IT エンジニアが改修していくシステムとは異なり、過去に他人が作ったシステムを保守していかなければならない。そのため、静的型付け言語を使用することで保守性が高まり、結果的に堅牢なシステム構築につながる。

　動的型付け言語と静的型付け言語それぞれに一長一短があり、どちらの言語を使用すべきであると端的に示せるものではない。したがって、適材適所に合わせて言語を選択することが必要である。

4．おわりに

　COBOL は今後もなくならず、また COBOL 精通している IT エンジニアが減少傾向であることから、現行の汎用系システムが使われ続ける限り筆者のような COBOL に携わる IT エンジニアの希少価値は高いといえる。

　しかし、このような状況に満足せずに、新たにオープン系プログラミング言語の知見も得ることができれば、IT エンジニアとして、COBOL 等の汎用系プログラミング言語と Python 等のオープン系プログラミング言語における総合的な技術力を高めることができる。その結果、システム開発プロジェクトの現場では、さらに重宝されるであろう。

　そうなるためにも、Python のようなプログラミング言語に限らず、常日頃から新しいテクノロジーの習得にチャレンジしていくことが大切であると実感している。

注

注1　Python は 1991 年に開発されたスクリプト言語である。元々は限定的な処理しか実行できない言語だった。しかし、現在はあらゆるシステムやアプリケーションを開発できる汎用的な言語となっている。特に、数値計算能力と連携可能なシステムの多さを強みとしており、近年、人工知能や機械学習の分野の開発で使用されることが多い。また、ライブラリが充実しているため、初学者にも扱いやすいプログラミング言語として注目を浴びている。

注2　プログラミングにおける変数とは、データを格納するメモリ領域のことを指す。変数が宣言された際に、メモリ空間上のデータを参照する。静的型付け言語の場合、データ部に変数の項目名、型の種類、桁数等の定義を事前に宣言する必要がある。

注3　Python における文字列は、「"」（ダブルクォーテーション）、もしくは「'」（シングルクォーテーション）で囲んで表現する。

注4　Pythonでは通常、明示的に変数を宣言することはほとんどないが、静的型付け言語と同様に、図表5のように明示的に変数の型を宣言することもできる。

データ型	種別	データ例
int	整数	1 , 23
Float	浮動小数点数	1.2 , -3.45
str	文字列	"1" , "abc"
bool	真偽値	True , False
list	リスト	["a","b","c"] , [1,2,3]
tuple	タプル	("a","b","c") , (1,2,3)
dict	辞書	{"key1":1,"key2":2,"key3":"a"}

図表5　Pythonで使用する主な型

（出所：筆者作成）

注5　プログラム実行前にソースコードを一括で機械語に変換することをコンパイル（compile）という。またそのためのソフトウェアをコンパイラ（compiler）という。プログラム実行時には機械語の状態であるため、インタプリタと比較するとプログラムの実行速度が速くなる。

参考文献

【1】高橋麻奈『やさしいPython』（SBクリエイティブ株式会社、2018）

【2】Python Software Foundation。「Python Software Foundation」。
https://www.python.org/psf/ 、（参照 2022-01-31）

日本の労働市場と外国人労働者に関する考察

島　ちかこ

1．外国人在留資格制度

　外国人の在留資格「特定技能」制度は、出入国在留管理庁により飲食や介護などの14業種において 2019 年4月日本の人手不足対策として創設された。一定の日本語能力及び専門分野の知識に関する試験を通れば、最大5年間の在留資格が与えられるものである。政府は、2023 年度中に、34 万5千人の受け入れを見込み、制度設計、体制作りを進めてきた。

　インバウンドによる訪日旅行客、ビジネスの交流、さらには留学や技術取得目的での外国人の流入は、順調に増加してきた。ところが、2019 年 12 月頃から、中国を起点とした新型コロナウイルス感染症の感染拡大が世界に広がり、日本も含めた諸外国間の交流が断絶する事態を迎えた。これらの影響により、帰国した外国人はもちろん新規に入国予定の外国人、そして滞在している外国人は一時足止めの状態となった。この間、各国間の物流も途絶え、様々な分野の生産及び流通ラインに支障をきたし、さらには、消費も冷え込み日本経済も大きな打撃を受け始めた。さらに、日本においても、東京、大阪、名古屋、福岡といった人口密度の高い都心で感染拡大が止まらず、感染拡大防止策から、人が集まりやすい大規模商業施設、飛沫感染しやすい飲食店などは、営業自粛、時短営業を余儀なくされた。すでに、在留している外国人労働者は、コロナ禍による企業の経営悪化の影響を受け、就労時間の縮小、解雇など生活するための収入減を絶たれる事態に陥っている。

　そこで、本稿において日本における外国人労働者のおかれた状況を確認したうえで、課題解決策を提言したい。

2．外国人労働者の現状課題

　日本の少子高齢化の影響により、各産業における人材不足が深刻になるなか、新たな外国人人材を受け入れる体制の整備において、その背景にある重要なことは、労働者としてだけでなく生活者として定着するために何が必要なのかを探求することである。

　そこでまず、外国人労働者と受け入れ

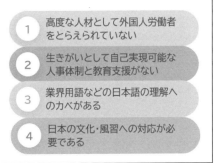

図表1　外国人労働者の4つの課題
（筆者作成）

る日本人が最適な形で共生していくための課題を整理した。

　まず第1に、単純労働力の確保だけでなく高度な人材として外国人労働者をとらえることが重要である。単に、日本の労働市場の穴埋めだけの労働力としてではなく、日本の経済成長を支える有能な人材として、外国人労働者を位置づけることは、グローバル社会において、日本が生き残るための前提である。

　第2に、外国人労働者を、日本における一労働者として、所得だけでなく生きがいとして自己実現可能な人事体制と教育支援が必要である。日本においては、特に単純労働者に対して、熟練のための自己犠牲に近い過度な、鍛錬を強要する傾向にあり、そこを乗り越える忍耐力を要求し、ふるいにかけている。そのため、知識・技術を有する外国人労働者は、日本の人材教育のあり方に疑問を感じ、日本が強いた在留路線から離脱する。

　第3に、就労に際し課された条件としての日本語能力では、カバーできない日本語の理解への対応の問題がある。日本においては業界ごとに専門用語があり、外国人労働者が上級レベルを求めるほど、個々の業界に特化した日本語に対応する能力が求められる。

　第4は、日本の文化・風習への対応である。訪日旅行者にとっては、滞在期間中快適に過ごし、その文化・風習を味わうために訪日しているのに対し、外国人労働者は、労働するための前提として日本での生活を円滑に遂行しなければならない。しかし、そう簡単には生活スタイルを変えることができない。特に衣食住の食に関しては、生きていくための基本的なものであり、生まれてから今までの間、自国での生活の中で習得した風習を変える事は非常に難しい。

3．外国人労働者との向き合い方

　以上のような現状課題を把握したうえで、アフターコロナを念頭に外国人労働者と私たちとのかかわりについて考えてみたい。

　まずは、感染症対策は一定期間継続すると考えられるので、日常生活における不安感を日本人同様払拭するために、生活を共にする外国人に寄り添うことが求められている。このことはビジネスにおいても同様である。就労による金銭取得目的だけでなく、日本語や就労するビジネスに関する専門的な知識を習得した人材を高度人材としての安定的な受け入れが重要であろう。そのためにも、転職の自由も認める正式な労働者として外国人を受け入れる体制を整える必要がある。また、今後の日本経済の推移を予測して、企業からの解雇や社会からの脱落に対応する社会の仕組みを構築することが急務であるといえる。

　一方で、生活を共にする日本人も外国人労働者に対する意識を変えていく必要がある。外国人と聞けば「地域でのトラブル」や「犯罪」が増える、滞在時の外国人の生活保障のため日本人の「社会保障費が圧迫される」など、マイナスイメージがメディア報道により定着しがちであるが、実際、外国人居住者は増加しているのに対し、外国人の犯罪件数は減少している。メディアによる報道の影響もあるが、我々自身がそういった正しくない固

定観念の払拭に努めなければならない。

4．企業・教育機関・地域社会とともに

　これまで、在留資格の整備だけでは日本人と外国人労働者の共生を補いきれないことを述べてきた。そこには、日本語、就労制度、文化・習慣の問題がある。その問題解決のために生活・職場・地域における日本人と交流するため、実用的な日本語能力、文化・習慣の学習の機会、そして労働者としての働きがいのある制度の構築が必要である。

　そこで、ここでは企業・教育・地域社会の３つの側面から、この外国人労働者問題を具体的に捉えてみたい。

　まず、企業の視点からは、アルバイトなどの一時的就労者に対して、職場内の交流を促すような日本語教室、雇用する就労者に対しては、単純労働だけでなく、積極的なリーダーの育成、管理職への登用を促すような制度の構築が重要であろう。外国人労働者も日本人と同様に働きがいを感じられるような仕組みが求められる。そして、大学や大学院、専門学校を卒業した留学生に関しては、リーダー層のミドルスキル、高度人材のハイスキルとしての雇用を積極的に行っていくためにも、より高度な雇用条件が必要になると考えられる。なお、外国人留学生は渡航費用を前借りした人や、母国の家族を養っている人、学費などで入国とともに借金を背負う人が多く、大半がアルバイトをして日本の小売業や飲食業の現場を支えてきた。このような状況の中で、重要性を増しているのが、特定技能の外国人の日本での生活を支援することを目的として設立された「登録支援機関」である。外食や宿泊、観光などの分野で就労内定を断られた外国人に対しては、資格外活動としてアルバイトが可能になるビザの取得や、需要が見込める分野の外国人については入国後の手続きを先行するなどの支援を行っている。

　次に、教育の視点からは、長期的な滞在を念頭に置き、専門の学問の分野だけでなく、生活に必要な日本語や日本の文化・習慣、ビジネスについて学習できるプログラムを用意すべきであろう。生活上必要な日本語会話やビジネス面において経営者層やNIへ誘導するための専門的日本語教育の継続が求められる。また、日本には海外から注目を浴びるアニメ、ゲームをはじめとするポップカルチャーが存在しているので、専門的分野以外に気軽に参加できるセミナーなどを開催すれば、日本人との交流も期待でき、留学生活も充実すると考えられる。

　最後に、生活の拠点となる地域社会の視点からは、まずは外国人労働者に対する歓迎の場が必要である。高齢者、幼少期の子供達の見守りが地域に求められるなか、日本語や文化・習慣に知識のない外国人も見守りの対象とすべきである。ゴミ出しや迷惑行為などについての共生のためのルールを共有するためにも、地域住民が積極的に声を掛け、地域社会に参加を促す中で交流を深め、文化・習慣についても生活の中で自然に習得できるような生活環境に関する教育の場が求められているのではないだろうか。

5．社会体制づくりに向けて

　筆者が知る菊栽培農家で就労するカンボジア人技能実習生は、日本においても海外から輸入していた菊栽培を出身国で行い、日本の農家に輸出することを検討している。菊は苗を海外から輸入する国際分業が進んでおり受け入れ農家も、カンボジアに新たな苗の供給拠点を整備し、技能実習生に経営を委ねようと考えていて、用地の確保を進めている。

　このように、日本で学んだ技術を現地移転するという、本来の技能実習制度の理念に沿った理想的な計画も多く存在している。しかしながら、技能実習制度は、外国人に日本で技能を習得してもらい母国に持ち帰るという技能移転を建前としているが、日本の多くの現場では、慢性的な特に単純作業を中心とした職種における人手不足を充足するために使われているという実態がある。韓国や他の先進国でも日本同様少子高齢化が進み、各産業分野において人手不足の状況が進行するなか、質の高い人材の受け入れ競争が始まっている。現に日本の就労における対価である賃金や待遇は、諸外国には見劣りしているのが現状である。

　一方で、生活を共にする日本人も外国人労働者に対する意識を変えていく必要があると考えている。外国人が増えても犯罪が増えるわけでもなく、外国人労働者への誤った固定観念を払拭し、適正な賃金、待遇そして生活者として寄り添う姿勢が求められる。企業の発展、日本経済の成長、納税者としても社会に貢献してくれる存在にもなる。確かに、外国人労働者との共生は簡単ではないが、コロナ禍においても外国人への依存度が高い業種が存在する。今や雇用や教育なども含めた広い視点からの社会づくり問題に向き合う時が来ているのではないであろうか。コロナ禍で新たな外国人労働者の訪日が見込めない今、原点に立ち返り、問題点を支援機関に押し付けるのではなく、生活や就労の中で教育や雇用など日本人とは変わらない体制づくりを社会全体で構築していく必要がある。

　外国人労働者は、これまで一握りの上級技術・技能者以外は各産業を支える低賃金労働に携わる単純労働者の時代が長く続いた。これは、日本の受け入れ体制が、外国人参入によってさまざまな社会問題が生まれると想定して、政策を消極的なものにした影響に他ならない。しかし、日本語学校や大学院生を対象としたアンケートや詳細なヒアリングを通して明らかになったことは、日本人学生とあまり変わらない姿であった。すなわち、就労を通して誰しもより高い次元の欲求水準を求め、自己実現に向けて行動していくのは、人間共通の姿である。これまでのような人手不足を単なる量的に補うことだけの政策や施策では、日本と諸外国の賃金差がなくなりつつあるなか、外国人労働者を日本に引きつけることは非常に難しくなることが予想される。そういった意味においても、日本固有の文化・伝統等の訴求のひとつである日本の食文化も、これまで以上に諸外国の人々に伝えていくことが重要である。

　以上のとおり、雇用面の課題として、単に、外国人労働者を日本の労働市場の穴埋めだけの労働力としてではなく、日本の経済成長を支える有能な人材として外国人労働者を位

置づけること、そして所得だけでなく生きがいとして自己実現可能な人事体制と教育支援の施策を述べてきた。また、生活面の課題としても、日本語と日本の文化・風習への対応する能力を挙げたが、その背景には、筆者自身が基盤となる日常生活が脅かされる状況の中で、社会からの脱落を避けるためにも、異国で切り抜けていくためには大変重要な要素であることが再認識させられたことにある。雇用の不安定化が目立つ中、他の分野にも転職しやすい制度や健康維持のための健康保険など技能実習をはじめとする在留資格による制約を緩和する必要があると考える。生活面においては、生活に必要な日本語や日本の文化・習慣、ビジネスについて学習できるプログラム、そして生活環境に関する教育の場を述べてきた。雇用も不安定化し、乱れがちな日常生活の中で共生のためのルールを共有するためにも、市民が積極的に声を掛け、地域社会に参加を促す中で交流を深め、文化・習慣についても生活の中で自然に習得でき、さらにはお互いに共助できるような環境作りが必要である。

参考文献

【1】東京新聞ウェブサイト「外国人、コロナ解雇急増　住まいも失い　行き場なく困窮」
2021.5.13 アクセス　https://www.tokyo-np.co.jp/article/17113

【2】東京新聞ウェブサイト「外国人労働者　コロナ禍で解雇増えているのに…　受け入れ続ける矛盾に見直し求める声＜入国緩和の実態＞」
2021.5.13 アクセス　https://www.tokyo-np.co.jp/article/87741

【3】東京新聞ウェブサイト「入国緩和で来日外国人の 7 割「技能実習生・留学生」　ビジネス往来なのに…」
2021.5.13 アクセス　https://www.tokyo-np.co.jp/article/87739

【4】日テレ NEWS24 ウェブサイト「コロナ禍の外国人労働者『特定技能』の苦悩」2021.5.13 アクセス
https://www.news24.jp/articles/2020/12/31/07795592.html

【5】WEDGE Infinit ウェブサイト　「コロナ禍で露呈した外国人労働者不足　ご都合主義に終止符を」　2021.5.13 アクセス
https://wedge.ismedia.jp/articles/-/20990?page=2

コロナ禍に起こった市場変化の考察 〜ソニーの事例より〜

杉浦　慎治

1．はじめに

　2019年12月にCOVID-19が発生し、驚異的なスピードで世界中に広がった(図表1)。世界中を恐怖に陥れたコロナウィルスも、ワクチンの浸透により勢いが鈍化している。コロナ禍により、市場が大きく変わっている。

　今回、コロナ禍でも売上を成長させているソニーを取り上げ、ビフォアコロナ、ウィズコロナで発生した市場の変化について分析していく。

2．ソニーグループの収益の変化（2018年度〜2020年度）

　ソニーグループにおける事業ドメイン別の売上高と営業利益を図表2に示す。コロナ禍となった2019年度のソニーループの売上高・営業利益率は、2018年度に比べて減少した。2020年度のソニーループの売上高・営業利益率は、コロナ禍前を超える状況となった。この勢いは止まらず、2021年度には営業利益1兆円を達成する見込みである。

　図表3〜5に、事業ドメイン毎での2019年度から2021年度の業績見通しの変化（対2018年度比）を示す。業績見通しとするのは、企業が認識する市場か、それとも想定していない新しい市場かを識別するためである。コロナ禍により、ソニー自身も想定できていない新たな市場が創出された場合は、業績見込みには織り込まれていないため、事業見

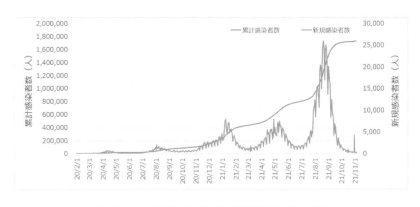

図表1　コロナ患者数の推移（累計感染者と新規感染者）
（出所：JSA 一般社団法人日本船主協会）

	実績		実績		実績		見込み	
	2018 年度		2019 年度		2020 年度		2021 年度	
	売上高	営業利益	売上高	営業利益	売上高	営業利益	売上高	営業利益
ゲーム＆ネットワークサービス	23,109	3,111	19,776	2,384	26,563	3,422	29,000	3,250
音楽	8,075	2,325	8,499	1,423	9,399	1,881	10,700	2,000
映画	9,869	546	10,119	682	7,588	805	11,800	1,080
エレクトロニクス・プロダクツ＆ソリューション	23,206	765	19,913	873	19,207	1,392	22,800	1,900
イメージング＆センシング・ソリューション	8,793	1,439	10,706	2,356	10,125	1,459	11,000	1,500
金融	12,825	1,615	13,077	1,296	16,689	1,646	14,900	1,530
その他	-	-	2,514	163	2,293	114	-	-
全社（共通）及びセグメント間取引消去	-	-858	-2,004	-722	-1,870	-999	-	-860
連結	86,657	8,943	82,599	8,455	89,987	9,720	99,000	10,400

図表 2　ソニーグループ　事業ドメイン別の売上高と営業利益（億円）
（出所：ソニーグループ『有価証券報告書』）

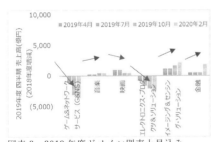

図表 3　2019 年度ドメイン別売上見込み
出所：ソニーグループ『決算短信』
※矢印：筆者加筆

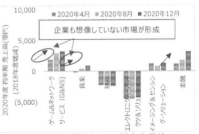

図表 4 2020 年度ドメイン別売上見込み
出所：ソニーグループ『決算短信』
※矢印、吹き出し文字：筆者加筆

通しは上方修正を繰り返す。ソニーの場合、これに該当するのは、図表 4 のゲーム＆ネットワークサービス、音楽、金融の事業であり、上方修正を繰り返した。金融は、株価高などによる資産運用での収益増によるものであり、市場が形成されたという訳ではないと考える。（ソニー生命『決済ハイライト』 2016～2020）

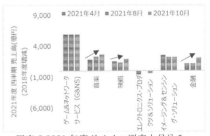

図表 5 2021 年度ドメイン別売上見込み
出所：ソニーグループ『決算短信』
※矢印：筆者加筆

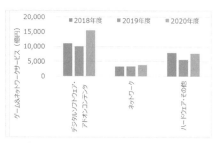

図表 6 ゲーム&ネットワークサービス売上高
出所：ソニーグループ『有価証券報告書』

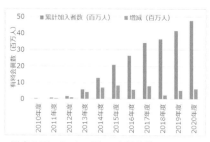

図表 7 PlayStation Plus 有料会員
出所：ソニーグループ『有価証券報告書』

　　ゲーム＆ネットワークサービスの売上
高を図表 6 に示す。ゲーム＆ネットワー
クサービスの中で、デジタルソフトウェ
ア・アドオンコンテンツが売上として主
要な事業である。コロナ禍である 2020 年
度でも、デジタルソフトウェア・アドオン
コンテンツは 4,434 億円も増加している
ため、コロナ禍でも成長できた市場とい
える。アドオンコンテンツ事業の売上は
5,255 億円であり、PlayStation Plus や

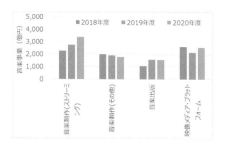

図表 8 音楽事業の売上高
出所：ソニーグループ『有価証券報告書』

PlayStation Now といったリカーリング型サービスを提供している。PlayStation Plus は、
1 ヶ月 850 円の定額サービスであり、会員になると月 6 本程のゲームを無料で使用できる。
PlayStation Plus の有料会員数は、コロナ禍で加入数を大幅に増やし、4,700 万人まで拡大
していった（図表 7）。
　音楽事業の売上高を図表 8 に示す。音楽事業の中で、音楽出版(ストリーミング)が主要
な事業である。コロナ禍の 2020 年度でも、Spotify や Apple Music といったプラットフォー
マーに楽曲を提供することにより、ロイヤリティ収入を増やしている。2020 年には
TikTok とライセンス契約を提携し、まだまだ成長の余地がある事業といえる。
　これらの事業は、コロナ禍前から存在した事業であり、サービス自体も新しい訳ではな
い。コロナ禍によりステイホームが叫ばれ、家で楽しめるリカーリング型サービスに対す
るニーズが増えた。今までリカーリング型サービスを活用してこなかった顧客により、新
しい市場が形成された。
　映画、エレクトロニクス・プロダクツ＆ソリューション、イメージング＆センシング・
ソリューションといった事業は、コロナ禍により業績見通しを下方修正する傾向がみられ
る。大災害の影響を予測するのは難しい。その市場環境の中、事業計画を設定するための

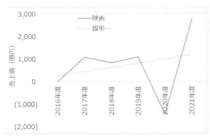

図表 9 映画の売上高(2016 年比)
出所：ソニーグループ『有価証券報告書』

図表 10 エレクトロニクス売上高(2016 年比)
出所：ソニーグループ『有価証券報告書』

情報が不足するため、災害を過小評価する傾向になり、事業計画に対して下方修正が発生する。これらの事業では、コロナ禍による市場の創出は発生していないと考える。

図表9に映画事業の業績の変化（2016 年度比）を示す。2016 年～2020 年の売上高は実績値であり、2021 年は見込み値である。近似線をドット線で示しているが、2020 年は近似線に比べて売上が下回った状態であるが、2021 年は一変して近似線に対して売上げが上回っている。このことが示すのは、コロナ禍のような一過性の災害の場合、一時的に市場は縮小するが、縮小分の需要は市場の中に温存され、コロナ禍が解消したタイミングで一気に放出することを示す。エレクトロニクス・プロダクツ＆ソリューションでも、同様の効果が見て取れる。（図表１０）

3．おわりに

ソニーのゲーム＆ネットワークサービス事業やデジタルソフトウェア・アドオンコンテンツ事業で確認できたように、コロナ禍においては、リカーリング型ビジネスによる新たな市場が形成された。コロナ禍ではステイホームが叫ばれ、ライフスタイルに大きな変化が生じた。外出を自主規制する中、家での生活をより充実させようと、リカーリング型のエンターテイメント・ビジネスを中心に市場が拡大していった。このような背景から、コロナ禍でソニーが強みとするゲームや音楽といったサブスクライブ型サービスで拡大が見て取れた。

ソニーのエレクトロニクス事業や映画事業で確認できたように、コロナ禍で需要が消失したかのように見えたが、実際は、市場から消失したのではなく、市場内に需要が温存されている。その需要が、アフターコロナで一気に放出され、一時的な売上増が見込める（ここでは『消費の保存効果』と呼ぶ）。コロナ禍になっても、市場を構成する企業には、多少の増減はあるにしても、経営資源（人・物）が残ったままになる。そのため、ウィズコロナでは経営資源が温存され、アフターコロナで経営資源が放出されるため、市況が一気に活性化されるが、活性化するのは一過性である。今後のソニーグループの業績を経過観察

することで、『消費の保存効果』が行き着く先を確認することができる。

　消費の保存効果は、2009 年〜2011 年の家電エコポイントの減少と類似する。家電エコポイントは、あくまで一過性の需要であり、テレビなどの家電商品で供給問題が発生し、上振れした形で生産拡大していった。そのため、本来は事業の終焉を迎えていた家電事業において、撤退時期を見誤り、後に大きな赤字を生み出す結果となった。

　今回のソニーの分析により、ウィズコロナによるリカーリング型サービスで、企業も想定していなかった市場の変化が確認できた。ウィズコロナからアフターコロナで見られた資本集約的産業における『消費の保存効果』の片鱗が見て取れた。今後、アフターコロナまでのソニーの業績を観察していくことで、災害発生時における『消費の保存効果』の終焉までを確認できると考える。

参考文献

【1】ソニーグループ『決算短信』 2019〜2021 　（2022.2.12 アクセス）
　　　https://www.sony.com/ja/SonyInfo/IR/library/presen/er/archive.html

【2】ソニーグループ『有価証券報告書』 2010〜2021 　（2022.2.12 アクセス）
　　　https://www.sony.com/ja/SonyInfo/IR/library/yu.html

【3】ソニーグループ『Corporate Report』 2018〜2021 　（2022.2.12 アクセス）
　　　https://www.sony.com/ja/SonyInfo/IR/library/corporatereport/

【4】ソニー生命『決済ハイライト』 2016〜2020 　（2022.2.12 アクセス）
　　　https://www.sonylife.co.jp/company/corporate/results/highlight/

【5】JSA 一般社団法人日本船主協会 　（2022.2.12 アクセス）
　　　http://www.jsanet.or.jp/covid-19/index.html

アパレル業界の過剰在庫問題を軽減するための基礎的研究

前田　博美

1．はじめに

　「After コロナ」「With コロナ」の時代に入り、「Before コロナ」の時のような「人」と「人」を直接結びつける販売手法が難しくなってきている。アパレル特有のトレンド予測しながら先行して商材を生産し、「在庫」を抱えてリアル店舗で販売員（＝人）を介在して売る仕組み上の大きな課題である。そのためには、従来型のリアル店舗から EC サイトの販売比率を急速に上げていく必要がある。図 1 に現状の EC 化率を示す。それについて、経営学的視点からの「すべき論」の現状打破のための提案は多く出ているが、実際の具体的手法について述べられているもの、また、実際にプラットフォーム構築出来ているものはほとんどない。まだ、実店舗での売上げが高いのが現状である。「過去のビッグデータの詳細分析」だけに頼らない「システム情報技術」の応用による新しい顧客・店舗間の関係のデザインを試み、EC（electronic commerce）化率を引き上げることを目的とする。

　2021 年度の株式会社アダストリアは、福田会長が自社 EC サイトの売上げが 30％にまで増加し、EC 化率の高いブランドほど、堅調に推移したとの記述がある（注 1）。

2．本研究の着眼点

　EC 店舗では、推薦システムによる「次に販売したい商材」を推すことで次の購買を促している。代表的には、Amazon の購買履歴や閲覧商材データを元にした類似商品の提案などである。以下、図 2 にまとめる。従来もビッグデータを利用した需要予測は、1990 年代

年度	市場規模	EC化率
2015年	1兆3,839億円	9.04%
2016年	1兆5,297億円	10.93%
2017年	1兆6,454億円	11.54%
2018年	1兆7,728億円	12.96%
2019年	1兆9,100億円	13.87%

図 1　令和元年度 内外一体の経済成長戦略構築にかかる国際経済調査事業、経済産業省

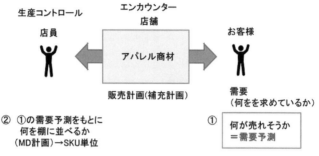

図 2　筆者作成

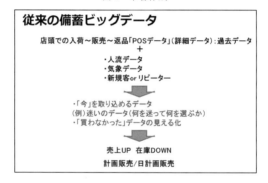

図 3　備蓄ビッグデータ

（筆者作成）

後半からアパレル業界でも行なわれてきている。図 3 に示すように、赤字の部分が従来取り込めていない部分である。

　現在の EC 店舗での購入での課題は以下のようである。①サイズが合わない②カラーが画面で見ていたものと違う③着てみたらイメージと違った（E コマースコンバージョンラボ 2016）というものである。これらの解決に、従来購入したものの商材データとサイズデータを個人別にデータ化する、自分の手持ち服を計測して登録するアプリなどが進められている。基本的には、メーカー主導型であり、メーカーの中のものを推薦するためにデータが使われている。

3．本研究の全体概要

　本研究では、推薦システム構築の第一歩として、個人の保有する衣服の情報を分析する

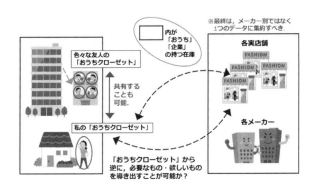

図 4　本研究の全体概要

（筆者作成）

ことにより、衣服選択要因を抽出する。これは、購買率の向上と返品率の低下に寄与できると考えられる（神嶌敏弘 2007）。

　図 4 に示すように、各メーカー側の商材情報は、生産段階で細かいデータが保管されている。ただ、メーカーごとのデータ保管であり、この数年でようやく大手メーカー各社が共通のアプリを使用するようになり、推薦する商材がメーカーの垣根を越え始めている。逆に、左側となる各個人のクローゼットの中身は、紐付けられていない。一部、登録出来るアプリが出てきているが、実測すること自体が手間であり、中々進んではいない。今回の研究では、このクローゼットを実測することにより、どのくらいの購買に対する有効データが取れるのかを相関分析を行なう。購買に対する有効なデータが取れることが確定すれば、次に①簡便に採寸する手法②取得した自宅保有在庫を教師データとした逆推薦シス

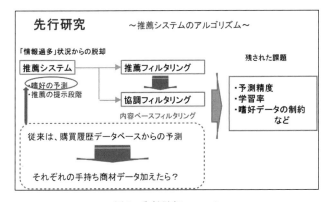

図 5　先行研究について

（筆者作成）

表1　変数表について

（筆者作成）

アイテム(a)	カテゴリー	色ラベル(a)	カラー(a)	サイズ(a)		シーズン	用途(a)	TPO(000)	着用有無	
セーター（ニット）	1P（仮与）	ホーキクロワイト	a1P（仮与）	F	a1P（仮与）	春夏	a1P（仮与）	仕事着	a1P（仮与）	着用有	a1P（仮与）
ベスト	2P（仮与）	グレー系	a2P（仮与）	X・S（34）	a2P（仮与）	秋冬	a2P（仮与）	カジュアルウェア	a2P（仮与）	着用無	
カーディガン	3P（仮与）	ブルー系	a3P（仮与）	S（36）	a3P（仮与）	シーズン		外出着	a3P（仮与）		
ジャケット	4P（仮与）	オレンジ系	a4P（仮与）	M（38,40）	a4P（仮与）						
ブルゾン	5P（仮与）	グリーン系	a5P（仮与）	L（42,44）	a5P（仮与）						
ワンピース	6P（仮与）	ブラウン系	a6P（仮与）	X・L（46,48）	a6P（仮与）						
スカート	7P（仮与）	ベッド系	a7P（仮与）	3X・L（48,50）	a7P（仮与）						
パンツ	8P（仮与）	ピンク系	a8P（仮与）								
ワンピース	9P（仮与）	パープル系	a9P（仮与）								
タイト	10P（仮与）	ブルー系	a10P（仮与）								
ブラウス	11P（仮与）										
シャツ	12P（仮与）										
ジャケット/スウェット	14P（仮与）										
コート											

テム（＝手持ち保有在庫から今、必要な商材を在庫データに検索に行く）を構築すること
が可能となる。

　図5に示すとおり、売れた購買履歴データからの予測を立てる仕組みは、ほぼ完成され
つつある。自宅保有商材を実測するのは、もう一つ理由がある。人には、アイテムや利用
するオケージョンによって、好きなゆとりや手触り（＝触感）が存在する。そのゆとりや
手触りを自宅保有データに加えることによって、メーカー在庫から探し出してくる商材の
精度をさらに上げることが可能となる。

4．進捗状況

　個人のクローゼットの中身を実測していく。現状、変数としているものが表1である。
　上記表1を元に、1人のクローゼットの状況を調査する。シーズンがあるため、春夏3
ヶ月、秋冬3ヶ月のクローゼットの状況を分析する。
　まずは、相関分析をして、特出すべき項目があるかの確認をしていくものである。

相関関係式

$$r = \frac{\frac{1}{n}\sum_{i=1}^{n}(x_i - \bar{x})(y_i - \bar{y})}{\sqrt{\sum_{i=1}^{n}(x_i - \bar{x})^2} \times \sqrt{\sum_{i=1}^{n}(y_i - \bar{y})^2}} \qquad (1)$$

5．おわりに

　個人のクローゼットから見えてくることで、個人個人手持ち在庫が違う上、着用・未着
用の比率、また、着用頻度も違うので、この「おうちクローゼット」の情報を取得するこ
とにより、着心地のよいサイズのアイテム商材の類似推薦と手持ち服とコーディネートで
きる（＝在庫を活かす）アイテム商材の推薦が従来よりも出来る。また、EC店舗側も販売
員が行っていたサイズ合わせやお気に入りのゆとり感などを提示できて、自店の本来客の
欲しいものを絞り込み、型数、サイズ、カラーの絞り込みが可能となると考える。
　今後の展望は、個人の保有衣服の中に、どんな手持ち服があって、よく着ている服の特

徴と着ていない服の特徴を登録することにより、従来の推薦システムにはない①あなたがよく着る服の特徴に合わせた②あなたの着ない服の共通点から、A。手持ちにないよく着る服の特徴にあった頻度の高いアイテムの訴求とB。手持ち服に合わせると、コーディネートできて手持ち服を活かせるアイテムの訴求をすることが容易になると考える。合わせて、定性情報としてのアンケートの因子分析を行ない、個人の重要視する項目（想いの部分）と実数値データとの組み合わせを教師データとして、新しい視点からの推薦システムを構築していきたい。

注

注 1　福田三千男『月刊事業構想 2022.03』参照

参考文献

【1】Eコマースコンバージョンラボ『アパレル EC に横たわる根源的な 3 つの課題は解消するのか－サイズ・レコメンド・コーディネート

【2】神嶌敏弘（2007）：推薦システムのアルゴリズム(1)~(3)人工知能学会誌 22 巻 6 号

【3】経済産業省（2019）：令和元年度　内外一体の経済成長戦略構築にかかる国際経済調査事業

【4】福田三千男：月刊事業構想 2022.03

コロナ禍に於ける会社規模の Change Work

小西　宏征

　2020 年コロナの世界規模での蔓延により、日本のみならず世界の経済活動の遅延をもたらせました。

　この停滞は人・物が停滞し、コロナの情報が錯綜したことでの被害もあります。(経済産業省では、日本経済の経済損失は対 GDP 比でマイナス 6.1%、約 30 兆円以上と発表)

　当時コロナが蔓延し始めた頃は国内に危機感が薄く、経済への影響も無い状態でコロナに対し感染予防も確立されていませんでした。少しずつ広がるコロナへの恐怖からマスクの買い占めなど、この頃から徐々に品薄の物が市場で出始め、経済へと大きな影響が出ました。

　中小企業の年配経営者の多くが「今までも日本は経済不況になったが、大丈夫だった。」と言い、過去の経済不況と同列に考えています。このような経営者は、この不透明な状況を嵐が過ぎ去るのを待つかのごとくただ耐えようとします。しかしこれは本当に不況なのだろうか。ピンチはチャンスと言われることもあるように、このタイミングを新たな分野への進出のチャンスと捉え、模索する企業は積極的に営業活動を始めています。しかし、新たな分野への進出へのチャレンジは資本も時間も必要となり、そこへ政府からの後押しがなければハードルは高いことが容易に想像できる。2022 年 1 月現在で経済産業省や各地方自治体では、企業に対し様々な支援を行うことによりコロナ禍で苦しむ国内企業へ支援を打ち出している。

　しかしながら、その支援を受けるために必要な書類は膨大になり、支援を受けるために業者を使わなければ採択されない状況は本来の支援の姿ではない。また、自社の持つ技術を使った新しい商品開発や用途開発であれば若干ながらハードルは下がることになるが、ノウハウの無い新分野への進出は容易ではない。如何に自社の技術を理解しているかが成功へのポイントとなるのではないだろうか。中小企業全般に言えることであるが、用途を考えて技術開発を行っている企業より、技術による技術開発が多い。その為、開発はできたが用途が分からない又は、営業する先が分からないなどが多いのが現状である。そのため、そのような企業に対しビジネスマッチングを支援することは非常に有効であり、強力な支援となる。企業間の希薄な関係は市場での対立によることが大きいが、このコロナ禍ではその関係性を見直し、横の繋がりを持つことでその企業間による相互バックアップ体制も有効であると考える。お互いがベンダーでありユーザーであるといった関係性を保つことで互いの不得手を補い、より良い製品を市場へと流通させることが可能となる。このような相互関係は今の国内企業間には少なく、一方的な関係性のみが存在する。しかし、

その一方的な関係性は市場にも表れており、現在の経済活動に於いてユーザーは製品の使用後は廃棄する流れが定着している。この流れは戦後の国内外市場規模の拡大による大量生産・大量消費によるものであり、この流れを止めることは当時困難であったと言える。バブル経済崩壊後、日本国内は経済不況に陥ったがこの流れが止まることはなく、低コスト生産のために、サービス残業を含む重労働を従業員に強いることや、サプライヤーに対し過剰な値下げを強いることとなった。その結果経済は循環することなく澱み続け、その不景気を脱却するに 10 年以上を要した。

　忘れてはならないのが、大量生産は天然資源の大量消費に繋がるということである。天然資源は有限であり、無限ではなく、日本はその天然資源を石油・天然ガス・石炭などはおおよそ 99％近く、鉱石などは平均 90％以上を輸入に頼っている。このような産業構造では、天然資源の減少による価格高騰や輸入元の国の政策などによる輸出制限などの影響を大いに受ける。この影響は製品価格高騰に繋がり、消費者の購買意欲の低下に繋がることは容易に想像できる。このことにより消費者はその製品ではなく、代替品または消費そのものを止める。これにより市場規模が縮小されることで経済不況に陥るのではないだろうか。

　日本は古来より資源の少なさから、製品のリサイクル・リユースを経済活動に織り込むことが一般的な経済活動の一環であったが、そのリサイクル・リユース活動も戦後の大規模経済の根幹となる大量生産・大量消費に埋もれてしまっていた。しかし経済産業省が1999 年から始め、2020 年に循環経済ビジョンでとりまとめており、その概要を一部抜粋する。

「我が国は、90 年代後半、当時喫緊の課題であった最終処分場の逼迫と、資源制約等のその他課題に対応するため、いち早く 1999 年に循環経済 ビジョン（以下「1999 年循環経済ビジョン」という。）を策定した。1999 年循環経済ビジョンでは、大量生産・大量消費・大量廃棄型の経済システムから、環境と経済が統合する循環経済システムに転換することを目指し、従来のリサイクル対策の強化に加え、廃棄物の発生抑制（リデュース）対策と廃棄物の部品等としての再使用（リユース）対策を含む 3 R の本格的な導入を提言した。

　大量生産・大量消費・大量廃棄型の線形経済モデルは、我が国のみならず、世界経済全体として、早晩、立ち行かなくなるのは明白であり、株主資本主義の下、短期的利益と物質的な豊かさの拡大を追求する成長モデルからの転換が求められているのではないか。従来の 3 R の観点からも、精緻な需要予測とオンデマンドの生産活動による生産ロスの削減（リデュース）、更なる高度化が期待される。

　このように、循環型の経済活動へと転換することは、市場で付加価値として評価され私益を生み出すことにつながるものであり、「環境と成長の好循環」を産み出す新たなフロンティアであるといえる。

　循環経済をめぐる国際的な状況や市場の変化を更なる成長のチャンスと捉え、我が国産業構造の強みを生かしつつ、「循環性」の高いビジネスモデルへの転換・事業活動の「資源

小西　宏征

循環経済とは

- 線形経済：大量生産・大量消費・大量廃棄の一方通行※の経済
  ※調達、生産、消費、廃棄といった流れが一方向の経済システム（'take-make-consume-throw away' pattern）
- 循環経済：あらゆる段階で資源の効率的・循環的な利用を図りつつ、付加価値の最大化を図る経済

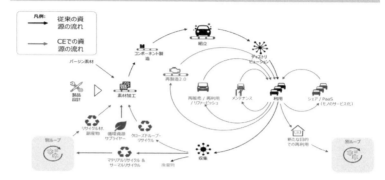

図表 1　循環経済
（出所：経済産業省「循環経済ビジョン 2020」）

効率性」の向上を図ることで、中長期的視点から、我が国産業の競争力を強化し、環境と
成長の好循環を実現するための方向性をここに示す。」

（参考）循環性の高いビジネスモデルの例　Ｖ章

- 事業活動を実施するに当たり、設計・生産・利用・廃棄のあらゆる段階において、その業態に応じた循環型の取組を選択する必要。
- 特に動脈産業（製造・小売など）は、廃棄段階まで含めたライフサイクル全体を考慮した循環性の高い製品・ビジネスモデルをデザインしていく必要。＝SDGs⑫「作る責任、使う責任」

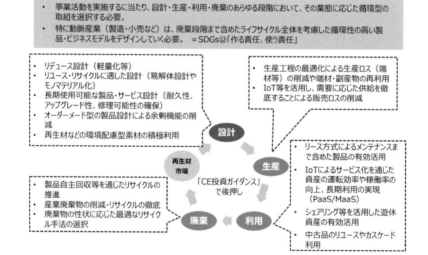

図表 2　循環性ビジネスモデル
（出所：経済産業省「循環経済ビジョン 2020」）

　日本経済はこれから厳しい局面を迎えることは確実であるが、その経済を支えるのは企業であり人である。これからはこの人すなわち、人材・人財と１つの人在が重要になるのではないか。

人材とは、経営資源としての「働く人」の一般的な総称である。しかし、ただの経営資源と捉えることなく人財（組織で働く人のすべてが人としての財産）と捉えて育て、悪く捉えられることの多い１つの人在（受け身姿勢で、自ら積極的に動く熱意が欠けていると言われ、ネガティブな意味で使用されることが多い）は、字の在と示す通り、企業に人を残すまたは在籍といった意味で使うのが適切ではないだろうか。

戦国武将である武田信玄が「人は城、人は石垣、人は堀」と表した通り、企業は組織として機能するために人が必要である。その為に企業は職場環境や作業環境を整え、人をより一層育てる環境作りに注力しなければならない。

資源の無駄を省き、リサイクルさせる循環型ビジネスを進めることで日本の経済成長・企業の成長に繋がり、そこに在籍する人々の幸福へ繋がるのではないだろうか。これから必要なことは、今までのようなただ生産性を上げるためだけの働き方ではなく、製品設計段階からのアプローチによる再生資源化思考を持ち、人的負担・時間的負担のないように努めなければならない。初期生産の製品は再資源化設計により通常よりコスト高になるが、再資源化の段階で完全な新品を購入するより安価で購入できるものが多くなる。

　このことにより、運用コストは長期スパンで考えると安価になり、結果として企業の利益増大に繋がると考える。

参考文献

経済産業省「循環経済ビジョン 2020 年」

経営リカレント教育の意義

梅原　清宏

1．はじめに

　1990 年代以降の日本経済の停滞は、当初は「失われた 10 年」と言われていたが、その後「失われた 20 年」、さらに「失われた 30 年」と、停滞が長期化している。図表 1 に過去 50 年間の日本、アメリカ、中国の GDP の推移を示す。このグラフからは、1990 年代中ごろに日本の成長が突然止まり、以後ゼロ成長が続いている様子が見て取れる。

　「失われた 10 年」が問題となった時期には、経済・財政政策面からは、行き過ぎたバブル対策やバブル崩壊後の対応策の不備などが停滞の原因として論じられたが、ここまで停滞が長期化すると、日本経済における構造的な問題が指摘されるようになった。たとえば、藤原（2016）は、日本におけるインターネットの商用化が始まった 1994 年を境として日

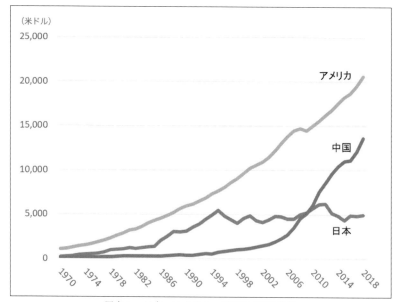

図表 1　日本・アメリカ・中国の GDP 推移

（National Accounts - Analysis of Main Aggregates (AMA)より筆者作成）

本の GDP 成長に急ブレーキがかかっていることに着目して、「日本は過去の 20 年間に起こった『インターネットによる世界経済の構造変化』に対応できてい（注 1）」ないと指摘している。またアトキンソン（2019）は、日本政府の中小企業に対する過剰な優遇策が、規模の過小な企業を大量に温存し、その結果日本企業の生産性の低さを招いていると主張している（注 2）。

　これらの議論の妥当性についてここでは議論しないが、少子高齢化が進展する日本経済において、地方にもくまなく存在する中小企業の成長が、雇用の維持というだけでなく、「AI 社会経済」に突入した日本の成長には不可欠である。

　ところで、図表 1 に見られるような各国間での成長率の格差について、経済学ではどのように説明するのであろうか。井堀（2011）によれば、新古典派の標準的な成長モデルでは必ずしも説明できないという。そこで、新古典派の成長モデルを拡張したのが内生的成長モデルである（注 3）。内生的成長モデルでは、労働を人的資本からのサービスであると考え、労働者の質を高める技術進歩や労働者の教育投資によって、労働供給の効率が高まることで、資本の限界生産性 A が低下しない AK モデルを提示した。研究開発、人的資本蓄積に関わる教育投資、政府の公共投資などの国際的な相違が A の水準の違い、すなわち各国の成長率格差を説明できるとし（注 4）、経済成長における教育投資の重要性に着目している。労働者の質を高める技術進歩については、序章で、ヒューマン・オーグメンテーションの観点から、AI が人間と一体化してその能力を拡張させ、人的資本の強化・増強と同じ意味を持つと論じられている。

　そこで、本論文では、人的資本蓄積に関わる教育投資の観点からリカレント教育に着目し、生産性向上や企業成長との関連について論ずる。1.では「AI 社会経済」を招来しつつある ICT 技術の急激な進歩をシミュレーションする。2.ではリカレント教育が必要になった背景には技術進歩がもたらした人的資本減耗の加速や近年の雇用慣行の変化があると指摘する。3.でリカレント教育政策を概観し、4.では中小企業において教育投資が少ない状況を確認する。5.では企業成長と経営者の関係について論じ、6.で経営リカレント教育という概念を提示し、企業成長のための経営リカレント教育の意義を述べる。

２．チェス盤の残りの半分

　AI の社会実装とその成果が喧伝されるにつれ、ICT におけるハード面とソフト面の「急激な技術進歩」を背景に AI がユートピアをもたらすのかそれともディストピアを生み出すのかが議論されている。未来学者レイ・カーツワイルは「倍々ゲームでの増加すなわち指数関数的な増加は人を欺く（注 5）」と言い、チェス盤の寓話を紹介している。その話はこうである。

　「チェス盤を発明した男が王様に献呈したところ、王様は大層喜び、望みの褒美をつかわすと言った。そこでこの賢い男は米を所望し、チェス盤の最初のマス目に一粒、二番目

のマス目に二粒、三番目に四粒……という具合に、前のマス目の倍の米を置いていき、その合計を賜りたいと申し出た。王様はたやすいことだと承知したが、実際には倍、倍とただ置いていくだけで米粒は途方もない量（注6）になった。（中略）一杯食わされたことに腹を立てた王様は男の首を刎ねてしまった（注7）」

　ブリニョルフソン他（2013）は、米商務省経済分析局が設備投資の対象に「情報技術」を加えた 1958 年を IT 元年として、ムーアの法則による集積回路（IC）のトランジスタ数（集積密度）の倍増ペースが 18 カ月ごとだと仮定すると、32 回倍増した年、すなわちチェス盤の 32 マス目（注8）に到達した年が 2006 年になると述べている（注9）。そこで、1958 年の集積密度を 1 として、チェス盤の半分、すなわち 32 回倍増する 2006 年までの様子を図表2に示す。ちなみに初代 iPhone は 2007 年に販売が開始されている。

　しかし、驚くべき増加が始まるのはここからである。図表3には、42 マス目に到達する2021 年までの増加を示す。2021 年から振り返ると、2006 年までの急激な増加もほとんど無視できる程度の増加に過ぎないことがわかる。

　村上他（2020）にはニューラルネットの歴史（注10）が示されているが、近年の AI 関連技術の目を見張るような実用化、社会への浸透のハード技術面の要因として、このような集積密度の急上昇がある。さて、この単純なシミュレーションでは、チェス盤の最後のマス目に到達するのは、2054 年であるが、その地点から現在を見ると、2021 年までの増加もやはり平坦な道のりにしか見えないのである。カーツワイルが「人を欺く」と述べたような、我々が想像できないような社会が果たして現れてくるのであろうか。

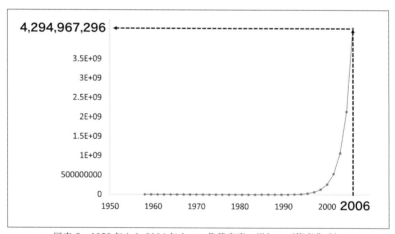

図表2　1958 年から 2006 年までの集積密度の増加　　（筆者作成）

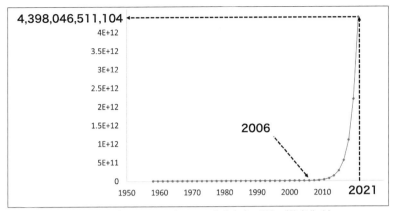

図表 3　1958 年から 2021 年までの集積密度の増加（筆者作成）

　ICT や AI の進歩だけが社会変化の原因ではないが、大きなインパクトを与え続けるのは間違いなく、この変化に対応するためには「AI 社会経済」において継続的な学びが過去のどの時代よりも必要になっていることは、図 2 や図 3 から明らかであろう。

3．リカレント教育が必要になった背景

　田中（2020）はリカレント教育を「1970 年代初頭に OECD が提唱した概念であり、学校教育を終えて社会に出た後、個人のニーズに合わせて再び教育を受ける、循環・反復型の一種の生涯教育（lifelong learning）を意味する。リカレント教育は、学校教育に限定されず、ノン・フォーマル教育（non-formal education）を含む、多様な学習機会を提供している（注 11）。」と説明している。リカレント教育がより教育水準の高い労働者に対してより有効（すなわち、補完的）なのか、それとも教育水準の低い労働者により有効（すなわち、代替的）なのかは、各国の事情や時代背景によって異なるので、自明ではないが、OECDではどちらかというと代替的な観点への関心が高いという（注 12）。しかし、リカレント教育が日本で論じられる場合は、主に補完的な観点が重視されている。本論文でも、補完的なリカレント教育を念頭に置いて論じる。

　日本では、江戸時代以降、寺子屋と呼ばれる私塾において一般庶民の子供が広く「読み書き」を学び、識字率が高く（注 13）、それが明治維新後の急激な西欧化に寄与したと語られることが多い。近年まで、子供への最も基本的な教育内容として「読み書きそろばん」が重視されてきた。このような時代においては、仕事や職務固有のスキル以外の一般的な能力としては、義務教育段階での学習成果が生涯にわたって有効であると考えられており、社会に出てからの学び直しは一般的ではなかった。

　この状況は、近年における ICT 技術を中心とするイノベーションの加速により一変した。設備などの資産がその使用によって価値が減少するのと同様に、人的資本も減耗すると考えられる。獲得した知識の陳腐化するスピードがイノベーションにより加速されている。つまり、人的資本の減耗率が大きくなったため、習得した知識の有効期間が短くなったのである。同時に、労働サービスの提供主体に求められる人的資本の価値水準が労働者のライフタイムの間に相当程度高まっていると考えられる。図表4にこれを模式的に示す。

　図の破線のグラフは、労働サービス提供主体に求められる水準の上昇度合いは低く、人的資本の減耗も緩やかであったため、若年期までの学習で得た人的資本で引退時期まで労働サービスを提供できたというかつての状況を示している。

　一方、近年においては、度重なるイノベーションに対応するために、労働サービスの提供主体に求められる水準が以前より急角度で高まっている。加えて、若年期までの学習投資で構築した人的資本の減耗率が大きくなっているため、学習投資を継続しないと青年期から壮年期には求められる水準を人的資本が下回る事態が生じていると考えられる。学校教育で得たエンプロイアビリティ（継続して雇用されるための能力）の有効期間が短くなり、青年期に社会に出てからも人的資本を高め続けることが不可欠になっている。

　ただし、こうしたことだけがリカレント教育の必要性が今日声高に唱えられている原因ではない。日本においては、雇用における三種の神器が近年まで存続していた。三種の神器とは「終身雇用制」「年功序列制」「企業別労働組合」である。日本的経営の特徴といわれるこの 3 つは密接に関連しているが、バブル崩壊を契機にこれらが変わってきている。

　人的資本との関係では、「終身雇用制」に着目する必要がある。終身雇用を前提として新規学卒春期一括採用が一般的である。学校教育の基礎の上に、各企業で必要とするスキル（企業特殊的人的資本（注 14））は、採用後長期にわたる企業内研修により育成し、従業

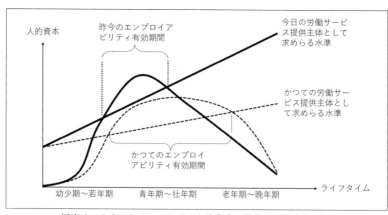

図表 4　ライフタイムにおける人的資本の推移　　（筆者作成）

員の労働サービスの提供水準を維持、向上してきた。企業は自前で人的資本に対する投資を行っていたのである。その後、ICT の急激な発展により、企業が前提とする人的資本水準が高まる一方、従来の学校教育ではその水準を満たせないという状況が生じ（注 15）、「社会で役立つ実践的な教育」が学校教育に求められるようなった。

　バブル崩壊後の日本経済のゼロ成長により企業に教育投資にかける余力がなくなる一方で、インターネットの急激な普及に伴うビジネスの変革に対応するために人的資本へのニーズが変化したことも、こうした傾向に拍車をかけている。また、短期間で転職する若者が増加したため、教育コストを回収する機会がなくなっていることもある。自社がコストをかけて社員の人的資本を増やしても、本人が転職すれば正の外部効果を社会に提供するということになり、積極的に従業員教育を行うという企業側のインセンティブは失われてしまう。

　原（2007）は、日常の業務につきながら行われる教育訓練（計画的 OJT）の実施割合が、1987 年の 74.2%から 1997 年には 30%を下回り、2000 年以降は 40%台を推移していること、Off-JT については、1986 年から 92 年までは 70〜80%の事業所が実施していたが、93 から 2003 年までは 50〜60%と実施割合が低下していると『能力開発基本調査』のデータから報告しており（注 16）、企業における教育投資意欲の減退が裏付けられる。

４．リカレント教育政策

　2019 年 6 月 21 日に閣議決定された「経済財政運営と改革の基本方針 2019」では、「第2 章 Society5.0 時代にふさわしい仕組みづくり」に「リカレント教育」という項目を設け、「社会人・女性・高齢者等の多様なニーズに対応して大学や専修学校等のリカレント教育を拡大する（注 17）。」としている。

　こうした政府の方針に基づき、文部科学省（注 18）、厚生労働省、経済産業省などでは様々なリカレント教育政策を実施している。

　厚生労働省のリカレント教育に関連する主な施策を図表 5 に示す。なお、No.1〜3 が従業者への支援、No.4 と 5 が事業者への支援である。

　また、経済産業省では、イノベーション創出に寄与するリカレント教育という方向性を掲げている（注 19）。これらの施策からも、日本においては補完的なリカレント教育に重点が置かれていることがわかる。

No.	施策	概要
1	教育訓練給付金	対象講座を修了した場合に、自ら負担した受講費用の20％〜70％の支給が受けられる。
2	高等職業訓練促進給付金	ひとり親の方が看護師等の国家資格やデジタル分野等の民間資格の取得のために修学する場合に、月10万円の支給が受けられる。
3	ハロートレーニング	希望する仕事に就くために必要な職業スキルや知識などを一定の条件のもとで、月額10万円の支給を受けながら無料で習得できる。
4	人材開発支援助成金	事業主が従業員に対して職務に関連した訓練を実施した場合や、新たに教育訓練休暇制度を導入して、教育訓練休暇を与えた場合に、訓練経費や制度導入経費等の助成が受けられる。
5	生産性向上支援訓練	専門的な知見とノウハウを有する民間機関等に委託し、事業主のニーズに応じて、講義だけでなくグループワークなど効果的な演習を取り入れて実施する訓練。個別企業の課題に合わせてカリキュラムモデルをカスタマイズするオーダーコースを中心に、規模の小さい企業でも利用しやすいオープンコースも展開しており低コストで受けられる。

図表 5　厚生労働省のリカレント施策

（出所：厚生労働省のリカレント教育に関するホームページから筆者作成）

5．中小企業のリカレント教育需要

　先に中小企業の生産性が大企業に比べて低い要因として、企業規模の小ささが指摘されていると述べた。大企業と中小企業を対比した二重構造問題は、今日まで長らく議論の対象である。マクロ経済学の内生的成長モデルを援用できるとすれば、中小企業における教育投資不足により労働供給の効率性が向上しないことが原因で、労働生産性が低いとも考えられる。「賃金は、理論上、労働生産性と等しくなる（田中（2020）p.53）。」ので、大企業と中小企業の賃金格差を生むことにもなる。

　ベッカーは『人的資本』で、日本においては「男子雇用労働者の収入の不均等は、主要な部分を教育の職場訓練の差異のみで説明できる。大企業と小企業の労働者の収入差もまた、大企業の労働者が職場訓練を多く受けているということで大部分が説明される」という鞍谷の研究を紹介している（注20）。原（2007）は2004年1月から12月の1年間にお

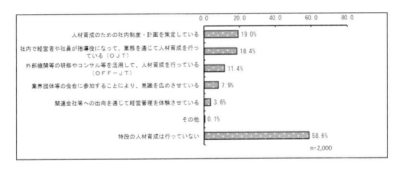

図表 6　経営人材育成の取組

（出所：日本アプライドリサーチ研究所（2018）図表 1-16）

ける Off-JT の受講状況を分析して「企業規模が大きくなるほど、Off-JT が積極的に実施されることが示された（注 21）。」と述べている。

　近年の調査報告でも中小企業における教育不足の実態が垣間見える。一例として、中小企業における経営人材の育成に関する実態調査結果を図表 6 に示す。報告書では、「「特段の人材育成は行っていない」企業は 58.6％であり、経営人材の取組状況の低さも目立っている（注 22）。」と指摘している。

　さらに別の調査では、図表 7 に示すように、「人材の計画的・超長期的な育成・活用が難しい」と「生産性に比べて賃金が高すぎる従業員が多い」との回答がほぼ拮抗している。ここからは、「人材育成しないから生産性が低い⇒生産性が低いから多くの人手がかかり余裕がない⇒余裕がないから計画的・中長期的な育成・活用が難しい⇒生産性が向上しない」という構造が透けて見える。

　理論上は「賃金＝労働生産性」であるが、生産性は変わらなくても最低賃金が年々引き上げられることで、経営者にとっては「賃金が高すぎる従業員が多い」という状況が生まれている。もちろん賃金に見合う労働生産性向上の取り組みは経営者側の課題である。

　ICT の基盤技術の発展がチェス盤の残りの半分に突入しており、AI に代表される新たな技術による経営革新は、企業規模の大小を問わず避けて通れない課題であり、人的資源に乏しい中小企業においてはリカレント教育による労働供給の効率向上が喫緊の課題となっている。しかし、図表 5 に示した事業者への支援策があったとしても、日常的に量的な人手不足状態が続く中では、リカレント教育に対する企業の需要は高まらないであろう。

梅原　清宏

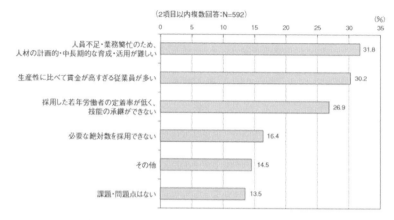

図表7　人材に関する課題・問題点（出所：商工総合研究所（2011）図表4）

6．企業成長と経営者の関係

　古典的な大著『中小企業成長論』で末松は「もし中小企業に経営の危機が感じられるとするならば、それは単純に外的要因によるのみでなく、中小企業に内在する経営の特質が経営能力の向上を強く抑制しているからでもある。なんらかの動機によってこの点を自覚し、経営能力の向上に努力するものは成長阻害要因を払いのけて成長することができる（注23）」と経営能力の向上を企業成長の要因とした。また、清水は『経営者能力論』で「成長を阻害する要因は経営者の老化現象である。経営者の老化現象とは、現状肯定になることであり、さらに具体的には安定製品に力を入れることである。一般に人間には学習過程がある。一般従業員も、中間管理者もこの学習過程をもっている。彼らは、同じ仕事をやっていれば楽になるから同じ仕事に固執したがる傾向がある。そこへ経営者が現状肯定の考えをもつと、それが人々の同じ仕事に固執したがる性向と結びついて、組織全体を硬直化させてしまう。（中略）企業成長で大きな役割をはたすのは経営者であり、また企業成長を阻害するのも経営者の老化現象である。われわれの従来からの研究によると、企業成長に短期的には財務要因が、中期的には製品要因が、長期的には経営者要因が貢献することがわかってきた（注24）。」と企業成長における経営者の果たす役割の大きさを強調している。よく「企業は社長の器以上に大きくならない」といわれるが、これらはそれを裏付ける研究である。

　中小企業の成長には「経営能力の向上」や「経営者の老化防止」が必要であり、いずれも直接経営者に関わっている。そうであれば、中小企業における教育投資、リカレント教育は、まず経営者が主体的に取り組むことが最も効果的ではないだろうか。

　リカレント教育に取り組み成果をあげた経営者の一例（注 25）を紹介しておく。2019 年
11 月に開催された「未来投資会議 構造改革徹底推進会合」で中小企業における AI 等活用
による生産性向上事例をプレゼン（注 26）した小田島春樹氏である。同氏は三重大学大学
院地域イノベーション学研究科におけるリカレント教育を機に自社を大きく成長させてい
る。西村（2021）では次のように紹介している。「その後の入学者で最も成長したのが有限
会社ゑびや食堂の小田島春樹氏であり、伊勢神宮前のおはらい町にある 100 年以上続く食
堂を娘婿として引き継ぎ、顧客を予測する AI（人口知能）を開発し、店に導入することで、
5 年間で売り上げを 5 倍、利益を 15 倍にしている（注 27）。」

7．経営リカレント教育の意義

　本論文では、人的資本蓄積に関わる教育投資の観点から、リカレント教育について考察
してきた。ここまでの議論を整理しておこう。ICT に代表される急激な技術進歩により人
的資本の減耗率が高まり、学校教育で得たエンプロアビリティの有効期間が短くなってい
る。加えて、終身雇用制度の事実上の崩壊により、社内教育に対する企業側のインセンティ
ブも低下した。人的資本を取り巻くこうした状況の変化が、リカレント教育の必要性を
高めている。国もリカレント教育の普及を重要政策に掲げ、文部科学省、厚生労働省、経
済産業省などが政策を講じている。
　「AI 社会経済」に突入した日本の成長には全国にくまなく存在する中小企業の成長が不
可欠であり、中小企業においても人的資本の蓄積を促進する必要がある。しかし、人的資
源が量的に不足しがちな中小企業においては、歴史的に教育投資は過小であり、このこと
が大企業と中小企業の労働者の収入差を生み出しているという先行研究があり、近年にお
いても教育投資への関心が低かったり余裕がなかったりしているので、中小企業において
はボトムからの人的資本の蓄積は現実的でない。そこで、中小企業の成長にダイレクトに
影響する経営者に対する教育投資、リカレント教育を優先して実施することが、中小企業
の生産性向上に効果的だと考えられる。
　ここで経営リカレント教育という概念（図表 8）を提示しておきたい。

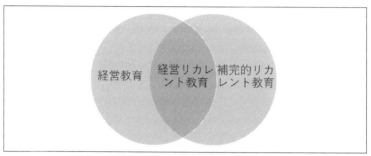

図表 8　経営リカレント教育の概念図（筆者作成）

　リカレント教育を議論するにあたっては、補完的なリカレント教育と代替的なリカレント教育を区別して議論することが大切である。なぜなら、高齢化が進む社会を前提とした場合、補完的リカレント教育は経済全体の人的資本の成長率を高める一方、代替的リカレント教育では、成長率への影響がないか、マイナスの効果が生じる（注 28）からである。企業経営における人材教育の観点にもこの議論は当てはまると考える。大学等で一般的知識として教えられる「経営学」を社会人が学ぶことは代替的なリカレント教育に該当するであろう。一方、ここまでの議論は、補完的なリカレント教育を念頭に置いて論じている。経営実務において課題を認識しその解決に取り組む研究をベースとするより実践的な教育である。「ビジネスパーソンが行う経営を対象とした R&D」というイメージである。

　中小企業においては、人的経営資源の絶対的な不足からボトムアップのリカレント教育のハードルが高い一方、トップダウン、すなわち経営者が自らに対して教育投資を行うこととのハードルはそれほど高くないと思われる。実現可能性の観点から、経営者が自らリカレント教育を選択し、「経営者の老化」を避け、経営能力を向上させることで、企業成長を実現することが、「AI 社会経済」における企業経営に不可欠であることを論じたが、経済全体の人的資本の成長率を高めるためには、経営者のみならずより多くのビジネスパーソンが実践的な経営を学ぶ補完的リカレント教育、すなわち「経営リカレント教育」が求められている。

　なお、「経営リカレント教育」概念については、経営教育やリカレント教育などとの概念整理がさらに必要であるが、今後の課題としておきたい。

8．おわりに

　経営リカレント教育が企業成長の十分条件であるとか必要条件であるとかを主張するものではないが、大阪市立大学（注 29）大学院創造都市研究科（注 30）における筆者のリカレント教育体験や都市経営研究科の教員として多くの社会人学生と接してきた経験から

も、補完的なリカレント教育として社会人が大学院で学ぶことの意義の大きさを実感している。

　本ハンドブックを終章から振り返ってみると、執筆者の多くが経営リカレント教育の実践者であり、経営リカレント教育の成果を一望できる。中には、経営者のリカレント教育実践も複数含まれている。こうした多数の実績を目の当たりにすると、さらに多くのビジネスパーソンが経営リカレント教育を実践して、ICT や AI を活用した新たなビジネスモデルの創出やビジネスモデルの革新、いわゆる DX に取り組むことが、自ら経営する企業、あるいは属する企業の成長に寄与すること、ひいては「AI 社会経済」に突入した日本の成長の原動力となることを確信する。

　さらに、経営リカレント教育実践者が多数集う本学会の「AI 社会経済」における役割や貢献に大いに期待するものである。

注

注 1　藤原（2016）p.46

注 2　成長戦略会議（第 4 回）で日本商工会議所会頭三村明夫氏が提出した資料では、中小企業の実質労働生産性の伸び率は、総じて年率 3〜5%程度で、大企業と遜色ない水準。一方、価格転嫁力指標の伸び率が 95〜99 年度以降一貫してマイナスであるため、中小企業の生産性の見た目の伸び率は 1%程度に低迷しているという。生産性向上の成果が価格転嫁力の弱さによって中小企業やその従業員に配分されていないと主張している。

注 3　井堀（2011）p.278

注 4　*ibid.* pp.282-5

注 5　ブリニョルフソン他（2013）p.42

注 6　チェス盤のマス目は 64 マスなので、最初のマス目に 1 粒（2 のゼロ乗）を置くとすれば、チェス盤の最後のマス目には 2 の 63 乗（922 京 3372 兆 368 億 5477 万 5808）の米粒を置くことになる。

注 7　*ibid.* p.41

注 8　チェス盤のたとえでは 32 回倍増するのは、チェス盤の 33 マス目となるが、以下では、1 マス目を 1 回目の 2 倍増として議論を進める。

注 9　*ibid.* p.43

注 10　村上他（2020）pp.170-1

注 11　田中（2020）P.53

注 12　田中（2017）P.61

注 13　斉藤（2012）は、先行研究に基づき、寺子屋は大多数が江戸後期から幕末期に設立されており、存在が確認された寺子屋は全国で 15,560 校であったこと、寺子屋の内訳

は、男子のみ通学 5,180 校、男女とも通学 8,636 校。一校当たりの平均寺子数は男児 42.90 人、女児 17.15 人。男子生徒に対する女子生徒の比率は、関東 61.93%、奥羽 8.47%、近畿 41.26%、九州 10.70%、全国平均で合計 27.03%と、詳細に紹介している。

注 14　赤林（2012）p.10

注 15　原（2007）は、必ずしも統計的に有意な結果ではないと断りながら 2000 年代では、「若年者や、その企業で働き始めて間もない職業技能が未熟である人への人的資本投資が積極的になされるようになっている（p.90）」と述べている。これは、学校教育の効用の低下を示しているように思われる。

注 16　原（2007）p.84

注 17　「経済財政運営と改革の基本方針 2019」p.21

注 18　文部科学省(2020)参照。

注 19　経済産業省（2020）参照。

注 20　ベッカー（1976）日本語版へのはしがき。鞍谷の研究とは、Masatoshi Kuratani, "A theory of training, earning, and employment : an application to Japan" Columbia University, 1973 を指すが、筆者は未見である。

注 21　原（2007）p.95

注 22　日本アプライドリサーチ研究所（2018）p.11

注 23　末松（1961）p.69

注 24　清水（1983）p.2

注 25　本ハンドブック執筆者の中にも、経営者のリカレント教育実践者が複数存在しているが、その成果はそれぞれの論文を見ていただくとして、ここでは、広く広報されている事例を紹介する。

注 26　プレゼン資料：
https://www.kantei.go.jp/jp/singi/keizaisaisei/miraitoshikaigi/suishinkaigo2018/chusho/dai7/siryou3.pdf（2022 年 3 月 4 日閲覧）
議事要旨：
https://www.kantei.go.jp/jp/singi/keizaisaisei/miraitoshikaigi/suishinkaigo2018/chusho/dai7/gijiyousi.pdf（2022 年 3 月 4 日閲覧）pp.7-10 に小田島氏のプレゼン内容が収録されている。

注 27　西村（2021）p.44

注 28　田中（2017）の図表 7、図表 10、図表 13 参照。

注 29　2022 年 4 月 1 日から大阪公立大学である。

注 30　2018 年 4 月 1 日から都市経営研究科である。

参考文献

【1】藤原洋『日本はなぜ負けるのか　インターネットが創り出す 21 世紀の経済力学』（インプレス R&D、2016）

【2】デービッド・アトキンソン『国運の分岐点　中小企業改革で再び輝くか中国の属国になるか』（講談社、2019）

【3】井堀利宏『入門マクロ経済学　第 3 版』（新世社、2011）

【4】エリック・ブリニョルフソン、アンドリュー・マカフィー、村井章子訳『機械との競争』（日経 BP 社、2017）

【5】村上憲郎・服部桂・近勝彦・小長谷一之編『AI と社会・経済・ビジネスのデザイン』（日本評論社、2020）

【6】田中茉莉子「リカレント教育の経済への影響」『日本労働研究雑誌』（労働政策研究・研修機構、2020）

【7】田中茉莉子「リカレント教育を通じた人的資本の蓄積」『経済分析』（内閣府経済社会総合研究所、2017）

【8】斉藤泰雄「識字能力・識字率の歴史的推移—日本の経験」『国際教育協力論集』（広島大学教育開発国際協力研究センター、2012）

【9】赤林英夫「人的資本理論」『日本労働研究雑誌』、労働政策研究・研修機構、2012）

【10】原ひろみ（2007）「日本企業の能力開発—70 年代前半～2000 年代前半の経験から」『日本労働研究雑誌』（労働政策研究・研修機構、2007）

【11】「経済財政運営と改革の基本方針 2019～「令和」新時代：「Society 5.0」への挑戦～」（令和元年 6 月 21 日）

【12】文部科学省「文部科学省におけるリカレント教育の取組について」（2020）

【13】経済産業省「イノベーション創出のためのリカレント教育」（2020）

【14】ゲーリー・S・ベッカー　佐野陽子訳『人的資本—教育を中心とした理論的・経験的分析』（東洋経済新報社、1976）

【15】日本アプライドリサーチ研究所『平成 29 年度　中小企業の経営人材の育成に関する実態調査　報告書』（2018）

【16】商工総合研究所『中小企業における人材の活用等の実態調査（概要）』（2011）

【17】末松玄六『中小企業成長論』（ダイヤモンド社、1961）

【18】清水龍瑩『経営者能力論』（千倉書房、1983）

【19】西村訓弘「地域企業経営者のリカレント教育を通した地域イノベーションの実現」『産学連携学』（産学連携学会、2021）

編集後記

　まさに諸行無常である。

　AI・DX の発展や集積密度の急増など、社会は絶え間なく変化し続けており、本書においては執筆者独自の視点から、多種多様な角度で現状や展望が述べられてきた。どの視点も今存在することの重みや、変動に対する力強さを感じることができ、決して否定的に捉えてはいない。

　祇園精舎の鐘の声、諸行無常の響きあり。言わずと知れた平家物語の語り出しである。生の儚さとして解釈されることもあるが、私はむしろこの世の万物は変化・成長するのだとポジティブに解釈している。諸行が無常であるからこそチャレンジすることに価値があり、うまくいってもいかなくてもそれが面白いのである。

　本書の発刊も同様である。著者の約半数は今回が初執筆であり、それはチャレンジでもある。自分の声を公に響かすことで、称賛されることもあろうが批判されることもあるからだ。それでも私たち執筆者は、ここに新たな行を刻んだ。それはこうすることが面白いからであり、自身が変化・成長することを望んだからである。

　本書編集の最中、母が他界した。本書の発刊を心から楽しみにしてくれていたのに急な別れであった。数年前、40 歳を超えて大学院に通うと言い出した私の名前を、最近はインターネットで検索しジャーナルやイベント告知で見つけるたびに、いちいち報告してくれた。これはいったい何サーチ・何報告なのかと煩わしく感じることもあったが、ずっと応援してくれていること、そして何よりも私のことを誇りに思ってくれていることが本当にうれしかった。

　その母が、本書を手に取ることはない。残念だがそれでもよい。なぜならば、母が望んだことの本質は、諸行無常の中で前向きに成長する姿であるからだ。そのために、私はこの時代を共に生きる人に、良き影響を与えられる人物になりたい。いや、なる。

　本書はそこに向かうための新たな一歩である。

（編集委員長　阪西洋一）

グローバル都市経営学会ハンドブック I

2022 年 6 月 30 日　初版発行

監　　修	田村　進一	
編　　著	近　　勝彦	阪西　洋一
	梅原　清宏	辰巳　泰我
編　　纂	一般社団法人グローバル都市経営学会	
発　　行	**ふくろう出版**	

〒700-0035　岡山市北区高柳西町 1-23
　　　　　　友野印刷ビル
TEL：086-255-2181
FAX：086-255-6324
http://www.296.jp
e-mail：info@296.jp
振替　01310-8-95147

カバーデザイン © 株式会社 百代 HAKUTAI 2022
印刷・製本　友野印刷株式会社
ISBN978-4-86186-861-0 C3034
© 2022

定価はカバーに表示してあります。乱丁・落丁はお取り替えいたします。